CURTEA VECHE PUBLISHING
București, 2016

De aceeaşi autoare
la Curtea Veche Publishing:

Sănătatea are gust
Carte de nutriţie pentru familie

Trăiesc, deci mă abţin

Sănătatea are gust
Ghid pentru slăbit

ABC de nutriţie

Tocăniţă pentru suflet

dr. Mihaela Bilic

SUPĂ
DE ÎNCĂLZIT
INIMA

CURTEA VECHE

Editor: Irén Máté
Redactor şi tehnoredactor: Mihnea Gafiţa
CURTEA VECHE PUBLISHING
str. Aurel Vlaicu nr. 35, Bucureşti, 020091
redacţie: 0744 55 47 63
distribuţie: 021 260 22 87, 021 222 25 36, 0744 36 97 21
fax: 021 223 16 88
redactie@curteaveche.ro
comenzi@curteaveche.ro
www.curteaveche.ro

Descrierea CIP a Bibliotecii Naţionale a României
BILIC, MIHAELA
Supă de încălzit inima / Mihaela Bilic. - Bucureşti :
Curtea Veche Publishing, 2016

ISBN 978-606-588-916-3

641.55

ISBN 978-606-588-916-3

Tipar: ARTPRINT
Email:office@artprint.ro
Tel: 021.336.36.33

Medicii – oameni sau vrăjitori?

În *Frații Karamazov*, Dostoievski spune că oamenii au întotdeauna nevoie de „magie, mister și autoritate". Nicăieri acest concept nu se regăsește mai bine decât în percepția oamenilor despre medici. Tot ce ține de procesul de vindecare a unei boli este considerat tainic, miraculos, de neînțeles pentru profani. Medicii sunt văzuți ca niște mici Dumnezei în a căror putere se află viața celorlalți, iar piedestalul pe care sunt plasați e menit să inspire o teamă respectuoasă și să dea greutate vorbelor acestora. De la doctor, pleci cu sarcini precise, cu directive pe care nu le discuți, le execuți!

Poziția mea (și sper că nu sunt singura) este diametral opusă. Pentru mine, procesul de vindecare presupune renunțarea la puterea triumviratului „magie, mister, autoritate" și stabilirea unei relații autentice cu pacienții. De fapt, și cuvântul *vindecare* îmi sună pretențios, când e vorba, de fapt, de alinarea suferinței și a disperării umane. Oamenii care ne solicită ajutorul au nevoie, în primul rând, să fie văzuți, să fie ascultați, să fie acceptați — fără să fie judecați.

Au nevoie să fie respectați sau, și mai mult, să-și recapete respectul și încrederea în propria persoană. Și mai au nevoie de răbdare. Multă răbdare. Nu există privilegiu și onoare mai mare, decât acelea de a fi medic. Iar, dacă ai har pentru asta, dacă o faci din convingere și cu pasiune, atunci chiar se întâmplă miracole. Dar nu sunt ale tale, ci ale omului din fața ta, pe care l-ai ajutat să fie mai puternic, să învingă boala, să-și găsească liniștea. Ce răsplată mai mare să fie pe lume, decât bucuria din ochii unui om care îți mulțumește! ☺

Cerealele de mic-dejun – un desert crocant și fără grăsime

Pofta de ceva dulce este un subiect sensibil pentru multe femei care țin la siluetă. Dacă faci parte din categoria celor care nu se simt satisfăcute cu două cubulețe de ciocolată, atunci vei căuta deserturi mai puțin periculoase, care să-ți permită să le consumi în cantitate mai mare. Cerealele de mic-dejun, ronțăite ca atare, pot fi o variantă interesantă. Ideea mi-a fost dată de o gravidută, a cărei siluetă am admirat-o și care mi-a mărturisit sinceră: „Și mie mi-e poftă de dulciuri și prăjituri, și eu mă scol noaptea, hotărâtă să mănânc tot frigiderul, dar îmi iau un bol cu fulgi de porumb și-i ronțăi unul câte unul, până-mi trece". Bravo, bună idee! În primul rând, că sunt expandați și par mulți, când în realitate sunt doar 30-40 g. Apoi e vorba de mămăligă cu un pic de zahăr, care umple burta, cum se știe din moși-strămoși. În plus, nu au grăsime, ceea ce e rar, atunci când vorbim despre un desert. Și, nu în ultimul rând, îți ia un pic de timp să-i mănânci, suficient cât să scapi de impulsivitatea de a devora o cutie de prăjituri. După câteva minute, crește glicemia și creierul nostru devine rezonabil, îl putem convinge să se declare satisfăcut. ☺ În concluzie, fulgii de mic-dejun pot ține loc de gustare dulce. Pentru că sunt o soluție nepericuloasă pentru siluetă, eu zic că merită s-o luați în seamă!

Cacao cu lapte sau ciocolată caldă?

În dimineața asta, m-a apucat nostalgia copilăriei și am renunțat la cafeaua mea matinală în favoarea unei căni de cacao cu lapte. Nu cred că este o băutură dedicată celor mici, iar, dacă ținem seamă că din boabele de cacao se prepară ciocolata...

Diferența dintre ciocolata caldă și cacao ține de cantitatea de zahăr: prima este un amestec gata preparat, îngroșat și aromatizat, peste care pui doar apă. Pudra de cacao, în schimb, e 100% substanță pură, plină de anti-oxidanți, minerale și amine cu acțiune stimulantă asupra sistemului nervos. Magneziul din boabele de cacao reduce stresul, iar fenilalanina dă o stare de bine la nivel cerebral, ca să nu mai spun că se opune îmbătrânirii! Preparată cu lapte și îndulcită în funcție de gust, o cană de cacao caldă poate să vă umple diminețile de aromă. Și, dacă nu vă e suficient, radeți deasupra și un pic de ciocolată neagră! ☺

Unde a dispărut fața de masă?

Văd din ce în ce mai multe restaurante în care farfuria și tacâmurile (!!!) îți sunt puse direct pe masa goală. Nu tu față de masă, ori o coală de hârtie, ori măcar un șervețel! Nu cred că-mi place, ca să nu mai vorbesc de igienă, ca furculița cu care mănânc și felia de pâine să stea direct pe un blat de masă șters în pripă, cu o cârpă udă. ☹ Să fie ăsta minimalism la modă, să fie prețul pe care-l plătim comodității, modernismului și simplității? Ei bine, atunci eu vreau să fiu ne-comodă și de modă veche! Vreau fața mea de masă, dacă se poate albă, impecabilă, apretată și călcată! Vreau șervetul meu de pânză, dacă se poate, și o floare naturală (!!) într-o vază mică. Asta numesc eu mâncat la restaurant!

Natura nu are nevoie de oameni, oamenii au nevoie de natură!

M-a fascinat întotdeauna forța și puterea naturii, năucitoarea ușurință cu care se poate stârni o furtună, firescul cu care soarele răsare și apune în fiecare zi, miracolul prin care o sământă ajunge un copac secular. Natura e viața, iar viața este ceva ce trebuie respectat, prețuit, protejat.

Nu noi, oamenii, controlăm natura, chiar dacă ne place să credem asta. Este suficient un viscol, ca să paralizezi un oraș, fie el și New Yorkul, așa cum este suficientă o vară ploioasă, ca să pună în pericol pâinea noastră cea de toate zilele.

Nici vorbă, veți spune, s-au dus vremurile în care omul era la cheremul naturii, acuma suntem noi la conducere! Părerea mea este că suntem trufași, dacă avem impresia că natura e datoare să ne hrănească pe noi, că mâncarea este ceva inepuizabil și mereu la îndemână. Dacă nu respectăm natura și o exploatăm fără milă, va veni o zi, în care vom fi obligați să ne producem mâncarea în laborator! Și atunci să văd cine mai face mofturi la E-uri! ☺

Avem nevoie de natură, tocmai pentru că suntem parte componentă din natură. Ea a fost aici înaintea noastră și va rămâne și după noi. Singura noastră îndatorire este să nu-i stricăm echilibrul. Pentru că tot noi avem de suferit!

Vă mai amintiți...

...de cutiile cu creveți, de salamul de vară și de șnițelul din parizer?

În bucătăria germană, există ceva care seamănă cu un cozonac de carne și care mie-mi pare un fel de parizer la cuptor. Pentru ei, e un preparat tradițional, însă pe mine m-a dus gândul la sărăcia din alimentarele noastre dinaintea anilor 1990.

Vă mai amintiți cât erau de dezolante alimentarele goale, cum pe rafturi stăteau aliniate doar cutiile cu chipsuri de creveți din Vietnam? Mai țineți minte că nevoia ne învăța să facem șnițel și chiftele din salam sau parizer? Mă înfioară când îmi amintesc ce săraci și necăjiți eram... ☹ Avem tendința de a uita lucrurile neplăcute și e bine că se întâmplă așa. Ce nu trebuie să uităm este să mulțumim că vremurile acelea au rămas undeva departe, în urmă. Și să fim recunoscători în fiecare zi pentru libertatea, abundența și binele pe care le avem acum în viețile noastre.

Și, chiar dacă pentru unii pare normal, banal, de la sine înțeles, să știți că nu e așa. Stau mărturie cicatricele din sufletele noastre, ale celor care am cunoscut acele timpuri...

E greșit să spui „mulțumesc“ prea des?

Greșit nu știu dacă e, deși unii spun că nu trebuie folosit, decât atunci când ai pentru ce să mulțumești. Eu fac parte din categoria celor care folosesc acest cuvânt foarte des, și nu de puține ori am realizat că poate fi interpretat ca un semn de slăbiciune. ☹ În România, țara în care ni se cuvine totul, poți fi considerat fraier sau bleg, dacă tot mulțumești. Chiar și așa, eu voi continua să mulțumesc, deși de multe ori e nejustificat sau nebăgat în seamă.

Așa cum voi continua să spun „bună ziua“ ori de câte ori intru într-o încăpere, un lift sau un magazin. Chiar dacă nu mi se răspunde la salut. E un gest de minimă politețe, de respect între oameni. Și, pentru că nu consider că fac un efort, încerc să pun alături și un zâmbet. Cine știe, poate devine molipsitor! ☺

Pe ușa unui hotel din Sibiu am găsit scris: „La noi se spune «mulțumesc» și «bună-ziua»“. Și la mine!

Idee ciudată de restaurant

Am auzit că există în câteva țări din Europa restaurante în care se mănâncă în beznă totală, fără să vezi nimic. Ideea mi se pare bizară și neatrăgătoare. Demersul poate are ca scop ascuțirea celorlalte simțuri, în lipsa văzului. Chiar și așa, cred că a mânca pe întuneric duce la tăierea apetitului, nu poate fi de bine... ☹

Nu știu exact procentele în care vederea contribuie la actul alimentar, însă cu certitudine mâncăm și cu ochii. A nu vedea ce ai în farfurie înseamnă să pierzi bucuria de a mânca, nu cred că poți să-ți dorești asta. Atâta vreme cât ești sănătos, e păcat să nu savurezi mâncarea cu toate simțurile. Cât despre o experiență într-un astfel de restaurant, concluzia ar putea fi una singura: să nu uităm să mulțumim în fiecare zi universului pentru lumina ochilor! ☺

Nu e de bine, când nu vrei să mai mănânci ☹

Orice femeie s-ar declara fericită, dacă de mâine ar putea uita de mâncare, de pofte, de ispite alimentare. Cu excepția situației în care ești îndrăgostit (ferice de cine este în această situație ☺), dispariția apetitului nu-i un semn bun. Când nu-ți mai trebuie mâncare, înseamnă că ești foarte supărat sau foarte bolnav. Copiii, care sunt autentici și în acord cu ceea ce simt, nu se mai ating de mâncare doar atunci când le e rău, și acesta poate fi primul semn de boală, mai ales în cazul sugarilor, care nu știu să spună ce simt prin cuvinte. La adulți, un necaz mare sau o suferință adâncă duc și ele la dispariția poftei de mâncare.

Mâncarea e viață și, indirect, atunci când o refuzi, e un semn că nu mai vrei să trăiești. Nu de puține ori apare acest simptom în depresiile grave și la bătrâni... fie oameni sau animale. A muri de bătrânețe înseamnă a te înfometa, și cine a avut un cățel bătrân în casă știe despre ce vorbesc... ☹

Pofta de mâncare înseamnă poftă de viață, așa că aveți grijă, dragii mei, ce vă doriți!

Chiftele ca la bunica

Am mâncat deunăzi niște chifteluțe care m-au dus cu gândul înapoi în copilărie. Să nu credeți că erau din cine-știe-ce carne aleasă ori cu cine-știe-ce mirodenii de soi. Din contră, aș spune că erau tare simple, chiar dezamăgitoare pentru comesenii mei, care au făcut comentarii de genul: „Chiftelele astea n-au prea văzut carnea..." ☺

Dar mie tocmai asta mi-a plăcut, că erau făcute cu mult cartof, verdețuri și puțină carne. Erau chiftele din sărăcie, cum zicea biata bunica, dacă nu mai știa cum să înmulțească o mână de carne, din care trebuia să ne hrănească pe toți. Punea și miez de pâine, și ceapă, și tot felul de legume, până când bietele chiftele deveneau aproape albe, de la atâtea „îmbunătățiri". Aveau și mărar, care le făcea să miroasă a primăvară.

Tare bune erau chiftelele din copilăria mea! Dacă tot sunt azi moșii de iarnă, trimit un gând de mulțumire și recunoștință pentru mămăica mea dragă. Oriunde s-ar afla.

Săptămâna albă

Ca o mare iubitoare de lapte și brânză ce sunt, nu pot să nu mă bucur, când există în calendar o săptămână dedicată numai lor! ☺ Este ca și cum aș primi binecuvântarea de a mânca fără mustrări de conștiință ce-mi place mai mult pe lume: brânză cu pâine! Nu că variațiunile pe această temă ar fi de neluat în seamă! ☺ Paste cu orice fel de sos de brânză, legume gratinate tot cu brânză, mămăligă cu brânză +/–ou, cartofi copți cu brânză… — paradisul!

Despre desert nu mai zic, tot ce e pe bază de lapte este *yummy*. Chiar dacă am depășit vârsta, aș alege orezul sau grișul cu lapte în detrimentul oricărei prăjituri cu ciocolată! ☺

E liniștitor să știi că și „păcătoșii" ca mine primesc înțelegere pentru slăbiciunea lor. Așa că promit să mă bucur din plin de această săptămână minunată și să pun la loc de cinste pe masa mea lapte, unt și brânză!

Ceaiul de fructe – cel mai bun suc

Mă număr printre persoanele cărora nu le place apa, mie niciodată nu mi-e sete. Nu este bine, veți zice, dar norocul meu că sunt medic nutriționist, și atunci e pe propria răspundere! ☺

Nevoia m-a învățat să găsesc tot felul de variante alternative la apă, care să aibă un pic de gust, pe care să le beau cu plăcere. De departe cea mai practică (și mai sănătoasă) este infuzia de fructe. Altfel spus, ceaiul, deși mi-a luat un pic de timp să fac diferența.

Multe din așa-zisele ceaiuri de fructe sunt, de fapt, ceai negru cu aromă. Infuzia e cea făcută din fructe uscate și, ca secret de preparare, are nevoie de 8-10 minute, adică dublu decât ceaiul.

Orice tip de fructe poate fi găsit la pliculeț, de la struguri la portocale roșii, ca să nu mai spun de arhicunoscutele fructe de pădure. Avantajul e că băutura obținută nu are teină, nu necesită îndulcire și se poate bea rece sau caldă . Mai puneți în ea o felie de lămâie sau de portocală și gata — aveți cel mai parfumat suc din lume. Fără calorii!

A început postul

Cred că mulți sunt cei care trec prin dilema „să țin ori să nu țin post?“ Un răspuns general-valabil nu există, nici vreo recomandare pe care cineva s-o poată face din exterior, fie și medicul nutriționist.

Cred că cel mai bine este să vă puneți următoarele întrebări singuri:

- ce urmăresc, ținând postul? (slăbire, detoxifiere, îndeplinirea unei dorințe, demonstrarea voinței etc.)
- ce „preț" sunt pregătit să plătesc la final? (îngrășare, frustrare, stres, mâncat compulsiv etc.).

Dacă decizia nu este luată pe propria răspundere, cu seninătate și liniște, dacă nu considerați această perioadă o mutare a atenției de la mâncare, o detașare de plăcerile corpului, dacă nu sunteți dispuși să vă fie foame, nu trebuie să țineți post.

Postul nu ne face mai buni în ochii celor din jur, e doar un exercițiu și o disciplinare. A ta, cu tine. Nu trebuie să ne fălim că ținem post, nu e nimic de laudă în asta. Smerenia, discreția, bunătatea, modestia — acestea sunt trăsăturile celui ce postește cu adevărat. Când dispar îndestularea și plăcerea, reușești să te vezi mai bine, cu bune și rele. Cred că postul despre asta este: să petreci mai mult timp cu sufletul tău, să te asculți, să te accepți. Când nu mai încerci să umpli cu mâncare un așa-zis gol, când nu mai încerci să-ți umpli timpul, de frică să nu rămâi singur cu tine, abia atunci ești autentic, abia atunci trăiești cu adevărat. Merită încercat!

Ciorba de cartofi acrită cu zeamă de varză...

Uitasem cât e de bună și de simplu de făcut! ☺ Cartoful, varza și fasolea sunt de bază acum, în post, iar ciorba devine și ea vedetă, având în vedere cât de bine umple burta și cât de mult ține de foame. Și asta, cu puține calorii.

Iarna nu a plecat de tot și, într-o zi ploioasă ca asta, prinde bine o ciorbă caldă. Mie-mi place să pun multe zarzavaturi (ardei gras, morcov, albitură) și roșii în bucățele mai mari. Apoi, îți trebuie musai niște zeamă de varză bună, proaspăt scoasă din butoi. Și, la final, mult leuștean — nu este ciorbă de cartofi, cea de la bunica, dacă nu are și leuștean uscat, din legătura de la grindă...

Oare am devenit rudimentară?

De la o vreme, îmi place gustul simplu al alimentelor și prefer să le mănânc așa, cât mai simple, fără adaosuri de sosuri și condimente. Am impresia că descopăr pentru prima oară gustul pâinii, al guliei sau al gălbenușului de ou. Departe de mine gândul de a mânca disociat, mai degrabă consum produsele cât mai puțin amestecate...

Țin minte cum un domn, căruia îi recomandasem să renunțe la sosuri și la mâncărurile sofisticate, dacă voia să slăbească, mi-a spus mirat: „Adică vreți să devin rudimentar?“ Cred că într-o astfel de perioadă sunt eu, pentru că vreau fasole fără murături și paste cu un singur fel de brânză. Cât despre slăbit, nici nu poate fi vorba! ☺

Postul – prilej de a mânca soia

Fie că țineți post sau nu, boabele de soia pot reprezenta o alternativă sănătoasă de proteine vegetale. Fasolea, o leguminoasă autohtonă, știm că e „carnea săracului“. Mai nou, soia tinde să devină produsul de bază pentru vegetarieni și materie primă pentru mâncarea de post.

Ce are soia în plus față de fasole, mazăre și linte? În primul rând, fito-estrogeni, substanțe din plante, cu o structură și funcție similară hormonilor sexuali femeiești. Deci, soia este un aliment de luat în seamă pentru femeile trecute de prima tinerețe, pentru că un strop de estrogen le menține frumusețea pielii și sănătatea oaselor. De evitat excesul de soia la copii, bărbați și la persoanele cu antecedente familiale de cancer de ovar.

Proteinele din soia se apropie cel mai mult de structura proteinelor animale (fără să le egaleze în conținutul de aminoacizi esențiali), fiind superioare proteinelor vegetale din cereale sau alte legume.

Soia este o bună sursă de calciu și conține multe fibre cu efect pozitiv asupra colesterolului din sânge.

Prin urmare, boabele de soia pot fi parte a unei alimentații sănătoase și echilibrate, mai ales dacă nu sunt transformate în preparate prăjite și superprocesate. Însă de aici până la a face din soia un produs de bază, aproape miraculos, este cale lungă. Nici un aliment consumat în exces nu face bine, pentru că sănătatea înseamnă diversitate și moderație. Soia? Da. Din când în când. ☺

Vremea rezoluțiilor

Au trecut și babele, gata și cu mucenicii, a venit primăvara... timid, dar sigur. ☺ Schimbarea de anotimp vine, de obicei, cu rezoluții, cu promisiuni, cu dorința de schimbare — a garderobei, a siluetei, a casei, a obiceiurilor zilnice etc.

Dacă aveți în plan o ajustare a numărului de kilograme, iată câteva sfaturi care să vă ajute să și reușiți:

- propuneți-vă unul-două obiective clare și realiste (dacă vrei să schimbi totul, în final nu reușești nimic);
- începeți cu pași mici, câte unul în fiecare săptămână (gen 1 felie de pâine la masă, în loc de 2);

- planificați fiecare etapă pe un calendar mare, vizibil în orice moment, și respectați-o;
- notați în fiecare săptămână progresele și greșelile și învățați din ele, fără să vă învinovățiți;
- nu pierdeți din vedere obiectivul final, nu renunțați la toată munca din cauza unei mici abateri de la reguli;
- anunțați-vă anturajul despre programul pe care îl începeți și, eventual, găsiți-vă un prieten care să aibă aceleași obiective — întotdeauna e mai simplu în doi.

Priviți cu optimism și încredere această încercare, nu aveți cum să dați greș atunci când vă doriți să aveți grijă de voi! Și nu uitați să vă bucurați de rezultat, fie el cât de mic! ☺

Soluții de primăvară pentru o farfurie mai „ușoară"

Există gesturi și obiceiuri ușor de adoptat și de respectat, care pot reduce substanțial aportul de calorii din farfuria voastră, fără ca schimbările acestea să afecteze semnificativ gustul. Dimensiunea porțiilor, cantitatea de sos ori de ulei din mâncare, prezența legumelor drept garnitură sau limitarea mezelurilor și a brânzeturilor în meniul cotidian se traduc într-o economie de calorii şi un minus de kilograme demne de luat în seamă. Nu alimentele-minune ne fac să slăbim, ci mâncarea cu care suntem obişnuiţi, consumată în cantitate mai mică sau gătită mai dietetic.

Iată câteva sugestii:

- citiţi eticheta produselor pe care le cumpăraţi — conţinutul de zahăr sau grăsime este uneori surprinzător;
- fiţi atenţi la produsele de patiserie, la mezeluri şi brânzeturi, într-un volum mic sunt concentrate multe calorii; în plus, sunt uşor de mâncat (pe stradă, pe canapea sau în picioare lângă frigider);
- fiţi zgârciţi cu sosul la salate, fiecare lingură are 100 cal;
- gătiţi pe bază de sos de roşii;
- înlocuiţi prăjitul cu prepararea la cuptor;
- consideraţi fructele un desert, nu un aliment de bază; nu confundaţi sucul de fructe cu apa;
- la orice masă, umpleţi-vă jumătate din farfurie cu legume — niciodată nu mâncăm suficiente;
- folosiţi produsele lactate slabe (laptele, iaurtul, brânza proaspătă) ca aliaţi ai curei de slăbire — calciul din structura lor se leagă de grăsimile alimentare şi le blochează absorbţia;
- limitaţi-vă la două-trei mese principale şi încercaţi să nu ronţăiţi/ciuguliţi între mese.

Mâine voi continua cu alte sfaturi practice. ☺

Alte idei „sănătoase“ pentru siluetă

- limitați-vă la un singur fel de mâncare la masă și aveți grijă ca jumătate din porție să fie reprezentată de legume; ca un mic secret, ciorba este produsul ideal în cura de slăbire;
- mâncați cât mai des pește și măcar de două ori pe săptămână pește gras;
- atenție la alcool: prezența lui împiedică slăbitul; în plus, are 7 cal/g față de zahăr, care are 4 cal/g;
- consumați alimente bogate în fibre și apă (legume și verdețuri) și nu neglijați hidratarea (apă, ceai, lapte, ciorbă);
- dacă aveți poftă de dulce, apelați la o înghețată, care este desertul cel mai puțin periculos pentru siluetă; în plus, consistența ei cremoasă face bine la creier, dă o stare de bine;
- faceți aprovizionarea și gătiți mai mult la sfârșit de săptămână, apoi congelați o parte din mâncare în caserole mai mici, pe care să le consumați în timpul săptămânii;
- în caz de poftă/foame, un iaurt sau un ou fiert dau senzație de sațietate mare cu puține calorii; și turtele de cereale expandate sau biscuiții tip *crackers* sunt soluții eficiente în caz de foame.

Nu în ultimul rând, stați jos la masă, încercați să nu faceți altceva în timp ce mâncați (televizor, telefon) și evaluați mâncarea cu toate cele cinci simțuri (văzul, auzul, mirosul, gustul, atingerea). Doar fiind atenți la ce aveți în farfurie veți ști când v-ați săturat.

Cuvintele – o „*hrană*“ aleasă

Trăim într-o lume a vitezei, a nerăbdării, a lipsei de timp și răbdare. Vorbim monosilabic, scriem prescurtat și abuzăm de conceptul: „O imagine face cât o mie de cuvinte“. Eu protestez! Vreau cuvintele înapoi! Mă opun comodității televizorului și a Internetului care, zice-se, te scutesc de efortul de a citi o carte. Mă opun sărăciei de limbaj care emite calificative de genul „bun“, „ok“, „nașpa“.

Emoțiile se simt, sunt în tine, iar cuvintele ne sunt date pentru a le împărtăși cu ceilalți. Labradorul meu dă din coadă și la mâncare, și de bucurie, că mă vede. Sunt sigură: dac-ar putea, mi-ar spune mai multe. ☺

Uneori, cuvintele ne folosesc și nouă înșine, pentru a putea defini, conștientiza și aprofunda o trăire. În plus, cuvintele dau frâu liber fanteziei, având fiecare posibilitatea să-și construiască din ele propriile imagini. Aș putea să spun că azi am mâncat somon. Și c-a fost bun. Sau aș putea să spun așa: am mâncat o combinație nordică de somon rumenit în cele patru zări ale piperului (negru, verde, alb și roșu), la care s-au adăugat rondele galbene dintr-o lămâie și albastrul încâlcit al cerului de martie..., într-un fel, Aurora Boreală mai de la sud și mai mititică, dar o adevărată simfonie pentru papile! Că mie mi-a plăcut, e sigur. S-ar putea să vă placă și vouă! ☺

Foamea – o super-senzație

Când trebuie să mâncăm, știm, fiindcă ne e foame. Și știm că ne-am săturat, când nu ne mai e foame. Alături de respirație, somn și sete, foamea este o senzație automată, care ne asigură supraviețuirea.

N-ai cum să uiți că ți-e foame, deși sunt o mulțime de oameni aflați la cură de slăbire, care se luptă din răsputeri să-și învingă acest instinct. Foamea nu poate fi nici prevenită, nici ignorată, nu fără riscul de a perturba grav și definitiv echilibrul și relația pe care o ai cu mâncarea. Dacă nu mai știi să-ți recunoști și să-ți asculți foamea, te vei trezi în situația absurdă de a le cere celor din jur răspuns la întrebarea: „Eu ce, când și cât să mănânc?"

Nimeni nu poate ști în locul tău, iar răspunsul este: „Ascultă-ți foamea!" Și nu orice foame, ci foamea ta optimă, un fel de foame medie, de nota 6-8. E foamea necesară, ca să te poți bucura din plin de mâncare, fără a fi prea flămând, ca să înfuleci tot frigiderul pe nerăsuflate, dar nici prea sătul, ca să mănânci de poftă sau de plictiseală.

Foamea optimă este ceva ce trebuie să-ți determini singur, întrebându-te în permanență: „Eu de ce mănânc acum? Oare mai pot aștepta puțin? Chiar am nevoie de o porție așa mare? M-am săturat și e cazul să mă opresc? Nu cumva e doar o poftă sau un moft?"

Foamea este o senzație fizică și-ți vine din corp, nu de la cap. Nu gândindu-te ce să mai mănânci afli că ți-e foame. ci simțind un gol, o crampă la stomac, o senzație de oboseală și de nervozitate, de iritare. Ei trebuie să-i dai note și s-o satisfaci, când e la nivel mediu. Asta înseamnă să mănânci echilibrat, respectându-ți senzațiile alimentare.

Ce ne facem cu lăcomia?

Se spune că lăcomia este un păcat. Ca și cum cineva care e lacom e vinovat pentru asta și-a făcut-o cu mâna lui și trebuie pedepsit. Sau măcar făcut să se simtă vinovat! ☹ Ca și cum cineva care e lacom se bucură că este așa, de parcă n-ar vrea să fie ponderat, echilibrat, disciplinat...

Ei bine, eu consider că nu e suficient să vrei, chiar nu poți! Nu poți să fii altfel decât te-ai născut, nu poți să-ți negi firea, caracterul.

Spun asta referindu-mă la mine, care de o viață sunt lacomă, pofticioasă, impulsivă. Și, extrapolând acest tip de comportament și în alte arii, ne-alimentare, ale existenței mele, pot spune că sunt pasională, extremistă, năvalnică, entuziastă, voluntară, imprevizibilă. Mi-au trebuit 45 de ani, ca să-mi dau seama că lucrurile acestea vin la pachet. Și să nu mă mai condamn pentru ceea ce părea a fi un defect/păcat.

Dacă n-aş fi fost aşa, poate că nu eram unde sunt. Din zbaterile şi căutările mele legate de mâncare, am reuşit să fac o carieră. Şi să ajung la sufletele voastre.

De multe ori, e greu să te accepţi aşa cum eşti, cu bune şi rele. Însă un lucru vă pot spune cu siguranţă: eu nu mi-aş da lăcomia şi impulsivitatea în schimbul monotoniei, al rigidităţii, al auto-controlului absolut. Nu vreau o viaţă fără provocări, fie ele şi alimentare. Dacă în asta îmi rezidă păcatul, da, mi-l recunosc! Şi vă îndemn şi pe voi, ceilalţi „păcătoşi", să vă relaxaţi. Nimeni nu poate fi învinuit pentru că-şi trăieşte viaţa cu... lăcomie! ☺

Cura de slăbire – o formă de disciplină

Toată lumea caută reţete de slăbit, liste cu alimente permise şi interzise, combinaţii şi disocieri ştiinţifice între produse, când soluţia, de fapt, este mult mai simplă, dar greu de pus în practică: disciplina.

Ce nu vrem să recunoaştem este că nu lista de la nutriţionist ne face să slăbim, ci simplul fapt că facem ordine în felul în care mâncăm, că respectăm nişte reguli, că avem grijă, că suportăm să ne fie foame. Efortul personal ne este răsplătit, organismul nu ne sabotează, dacă suntem cinstiţi cu noi înşine şi nu ne furăm singuri căciula — e normal să slăbim.

Cred că ideea de a merge la nutriționist, sau la sală, sau la orice tratament corporal e doar elementul declanșator, motivația, începutul. Primele trei zile sunt grele, apoi te trezești că poți, începi să crezi în tine. Dacă aveți nevoie de o dietă anume, ca să faceți un pic de ordine în alimentația voastră, e OK. Dar să știți că meritul de a fi slăbit e al vostru, nu al ei! ☺

Cine ne vrea slabi

Niciodată omenirea nu a cunoscut o asemenea abundență alimentară, niciodată speranța de viață n-a fost așa mare. Și, în loc să ne bucurăm de binele pe care-l avem, ne găsim motive să fim nemulțumiți pentru că nu suntem suficient de slabi.

Nu cred în teoria conspirației, însă mi se pare suspect că silueta ideală devine din ce în ce mai firavă, în contrast evident cu supra-oferta alimentară, căreia trebuie să-i rezistăm. Prin ce mecanism pervers ni s-a inoculat ideea că valoarea, ambiția, succesul și reușita în viață sunt invers proporționale cu greutatea de pe cântar? De ce ne dorim întruna să fim slabi?

În vremuri trecute, când foametea și bolile făceau ravagii, grăsimea era văzută ca un privilegiu, ca un semn de bogăție și de putere. Doar persoanele bogate își puteau permite să fie bine hrănite. Altfel spus, ce e permis unei minorități devine râvnit de toată lumea.

Deci, lucrurile stau cam așa: când nu aveam ce mânca, puneam preț pe greutate; când avem prea multă mâncare, decretăm că a fi slab este o virtute. Eu zic să nu mai lăsăm societatea să ne măsoare nici greutatea, nici moralitatea. Iar pe cei care vor să slăbească, îi sfătuiesc s-o facă doar dacă au neapărată nevoie. De multe ori, dorința de „mai bine" ne strică „binele" pe care-l avem!

Trist, dar adevărat: slăbești mai ușor, dacă nu mănânci pâine

Sunt ultima persoană din lume care ar pune pâinea pe o „listă neagră", dar trebuie să recunosc: e mai ușor să slăbești, dacă elimini pâinea. Măcar o vreme.

Primul meu argument ar fi că pâinea îndeamnă la mâncat, totul e mai bun cu pâine: mezelurile, brânza, untul, tocănița sau zacusca etc.... Când scoți pâinea, nu te mai poți gândi cu bucurie la o mulțime de mâncăruri, deci, printr-un mecanism indirect, pâinea (de fapt, lipsa ei) potolește apetitul.

Un alt mecanism, de astă-dată unul direct, ține de metabolismul glucidelor. Toate făinoasele (inclusiv pastele și orezul), cartofii, mămăliga conțin amidon. Aportul său caloric este de 4 cal/g, la fel ca la proteinele din carne. Însă „defectul" lui este că reține apa, cam de patru ori mai multă decât propria greutate. Rezultatul: ne simțim umflați, pufoși, iar pe cântar nu vedem rezultate spectaculoase. Chiar dacă nu e vorba de grăsime, consumul de amidon face slăbitul să pară mai lent.

Soluția de compromis pentru o cură de slăbire eficientă: limitați consumul de pâine la o felie pe zi, și aceea mâncată în prima parte a zilei.

Nu fructe în loc de mâncare!

Când te apuci de slăbit, toată lumea îți spune să nu mai mănânci seara. Și vine ora 6, și începe să-ți fie foame, și, ca să nu te atingi de mâncare, încerci să te amăgești cu fructe. Și, ce să vezi, nu numai că foamea nu-ți trece, dar, spre ora 9, tinde să devină insuportabilă!

Fiindcă fructele nu satură. Fiindcă fructele mâncate seara îngrașă. Fiindcă fructele sunt un desert.

Fructele conțin fructoză, un zahăr cu același număr de calorii ca orice alt agent de îndulcire (4 cal/g). Fructoza se absoarbe mai lent decât zahărul clasic, dar în final îngrașă la fel. Iar glucidele mâncate seara se depun rapid, ca grăsime de depozit.

Fructele sunt parfumate, aromate și ușor acide, motiv pentru care există riscul să deschidă apetitul, în loc să te sature.

Concluzia: nu scăpați de foame cu fructe, tot legumele cu un pic de proteine slabe (pește, carne, ou), sunt soluția cea mai dietetică pentru masa de seară.

Bunele maniere condamnă mâncatul de semințe

Și totuși, nu este obiceiul cel mai rău din punct de vedere nutrițional, nici psihoterapeutic. ☺

Semințele sunt bogate în acizi grași esențiali (Omega-6), minerale, fibre și proteine. Sunt un concentrat și de nutrienți de primă calitate, și de calorii. Însă există un avantaj: au coajă și, prin urmare, îți ia un pic de timp până extragi miezul mititel din ele. Știe natura ce face, ca să nu riscăm supra-consumul, ne-a îngreunat misiunea! ☺

Cumpărați semințele în coajă și, dacă se poate, în ambalajul cel mai mic (30 g), și nu va exista nici un risc pentru siluetă. Mâncatul semințelor este migălos și cu mare lucru nu te alegi, așa că poate fi de ajutor în cura de slăbire, ca să nu ronțăi alte produse mai tentante. După un timp, de la sare, este posibil să te usture și limba, drept care musai te oprești. Și nervii, iritarea, furia sau plictiseala se „tratează" cu o mână de semințe, ca să nu mai vorbesc de ciugulitul semințelor la televizor.

Daca ţineţi cont că o lingură de ulei are 100 cal, echivalentul a doi pumni mari de seminţe, cred că veţi alege bucuroşi o gustare calmant-ronţăitoare. ☺

Când nu puteţi adormi, apelaţi la un „anestezic" pentru minte

Mintea e cel mai mare duşman al nostru, ea face şi desface scenarii, inventează probleme şi frici, răstălmăceşte fapte şi fabrică argumente care să ne justifice blocajele, incapacitatea de acţiune, renunţările, abandonul. Din cauza minţii suntem de multe ori învinşi înainte de a porni la luptă. ☹

Şi unde mai pui că activitatea ei maximă începe la lăsarea întunericului, cât să alunge liniştea şi somnul. Ei bine, există câteva soluţii alimentare, care o pot „calma", fie şi parţial, cât să putem adormi. ☺

Primul remediu este alcoolul. Două degete de vin sau de licoare dulce (tip lichior, vişinată) au un efect miraculos, înlătură anxietatea şi ne împiedică să mai vedem totul sumbru. Atenţie: să fie un pic, prea mult alcool accentuează tristeţea!

A doua metodă constă într-un aport minim de glucide rapide: lapte cu miere, îngheţată, ciocolată. Creierul nostru funcţionează pe bază de glucoză şi, atunci când o primeşte, „toarce" ca o pisică.

Și aici atenție: să fie puțin, cât să adormiți și să nu vă îngrășați! ☺ Noapte bună!

Mitul paharului de apă

Multă lume crede că, dacă bei un pahar de apă înainte de masă, vei mânca mai puțin. Din păcate, e doar un mit. ☹

Apa și toate lichidele băute pe burta goală trec prin stomac în câteva minute, nu rămân acolo suficient timp, cât să-ți dea senzația de sațietate, de plin. Cu totul altfel stau lucrurile dacă stomacul e plin, dacă ai mâncat ceva. Atunci, apa și restul alimentelor se amestecă și există șansa să întârzie golirea gastrică și, deci, să te ajute să mănânci mai puțin.

Cea mai bună metodă de a tempera apetitul este să alegi ciorba ca prim fel de mâncare. Un castron de supă sau ciorbă umple în mod eficient stomacul timp de câteva ore și-ți ține de foame cu puține calorii. Combinația de apă, legume și, eventual, carne este mult mai eficientă decât paharul de apă băut înainte de masă. Ca să nu mai spun că, atunci când vrei să slăbești, poți mânca doar o ciorbă la prânz sau seara, ca fel unic. Este cel mai sățios, echilibrat și dietetic aliment. Și ține loc și de apă. ☺

Mesele mici și dese, cheia marilor succese? Nu neapărat!

Dacă ne luăm după știință, stomacul ni se golește cam la trei-patru ore după masă, deci ar trebui să mâncăm des, ca să nu fie niciodată gol?! Sau ca să nu ne fie niciodată foame? Absurd!

Găselnița acestui concept este că, mâncând puțin și des, îți supui organismul unui efort permanent de digestie și metabolizare a nutrienților, care se face cu consum de calorii (efectul termic al alimentelor). Toate bune și frumoase, mai greu este cu definiția lui „puțin". Ca să funcționeze această strategie, mesele/gustările trebuie să fie de maxim 200 cal. Ce intră în 200 cal? Nu mare lucru. ☺

Însă problema cea mai mare este că toată ziua nu te gândești decât la mâncare, la ce și când urmează să mănânci și, mai ales, la faptul că niciodată nu te simți sătul. Părerea mea este că, atunci când vrei să slăbești, trebuie să uiți de mâncare, să te detașezi, nu să faci o obsesie din ea.

Două-trei mese pe zi, reduse cantitativ și fără nici o gustare între ele, sunt o variantă mai eficientă de disciplinare a apetitului. Altfel, există riscul să ciugulești puțin toată ziua și nici sătul nu ești, nici de slăbit nu slăbești.

Să faci kilometri pentru niște mâncare? Ni se întâmplă mai des decât recunoaștem!

Cui nu i s-a întâmplat să aleagă o destinație sau să se oprească într-un loc, numai pentru că acolo e ceva bun de mâncare? De câte ori nu luăm în calcul, măcar și inconștient, argumentul gastronomic, când e vorba să preferăm un loc? Ba mai mult, suntem dispuși să facem concesii în materie de arhitectură, ambianță, muzică și servicii, dacă mâncarea e bună!

Când îți place mâncarea libaneză sau turcească, nu mai bagi în seamă atmosfera orientală din local. Când vrei fasole la cazan, lași mofturile deoparte și stai la cantină cot la cot cu turiștii. Și berea cu cârnați are alt gust în târgurile germanice de *Oktoberfest*, iar gulașul autentic justifică o excursie în Ungaria. Ca să păstrez proporțiile, când eram elevă, eu făceam o „excursie" până în Piața Amzei, doar pentru o merdenea. Apoi am evoluat și plecam până la Sinaia de dragul unui papanaș. ☺

Nu e nimic de condamnat și n-ar trebui să-i considerăm păcătoși pe cei care fac cale lungă de dragul unui aliment. Să nu uităm că în alte țări se organizează tururi gastronomice și circuite sofisticate doar pentru a savura preparatele tradiționale sau a degusta feluri de mâncare gătite de bucătari renumiți! Este frumos și delicios să pleci la drum în căutarea unei arome, a unui gust care să te bucure. Cine n-a făcut așa ceva, nu știe ce pierde!

Ce se mai întâmplă cu peștii noștri?

Vine ziua Floriilor și toată lumea se gândește la pește — e sărbătoare mare! Ofertă e din belșug, acum găsim în magazine soiuri de pește de care nici nu am auzit, din toate colțurile lumii și la prețuri pe măsură. Aproape că te simți un necunoscător și devine dificil să alegi — este altă mâncare de pește! ☺

Voi știți pe unde mai sunt peștii noștri? Unde se găsesc hamsii și guvizi de Marea Neagră, somn și crap de Dunăre sau păstrăvi proveniți din apele noastre? Cineva îmi spunea că, în Piața Obor, poți să ai norocul să dai de ei, dar nu în fiecare zi. Ne-am mondializat atât de tare, încât o să ajungem să mâncăm același produs, cu același gust, peste tot în lume. ☹

Mie-mi plac peștii noștri mai mici și mai plini de oase, fiindcă au carnea mai dulce și fac chimie bună cu genele noastre de români. Și mai știu că există încă destul pește crescut natural, în sălbăticie, cât să nu ne trebuiască exemplare exotice de peste mări și țări. Așa încât, eu voi alege întotdeauna o saramură cu mămăligă și ardei iute sau hamsii crocante mâncate cu tot cu oase; chiar dacă nu sunt ele cine-știe-ce fițe, au calitatea de a fi adevărate, autohtone, autentice!

Vine Săptămâna Mare

La catolici, Cristos a înviat, la noi urmează. Nu știu și nu înțeleg de ce bisericile sunt diferite, însă un lucru e sigur: la ortodocși e mai greu! Postul, slujba, exigențele. Iar săptămâna ce va să vină e cea mai grea dintre toate, o perioadă de încercare a credinței.

Nu sunt un om excesiv de religios, dar cred că astfel de perioade, cu semnificații dincolo de înțelegerea noastră, au menirea să ne potolească orgoliile, mândria și auto-suficiența. Trebuie să ne aducem aminte că suntem doar o bucățică mică din univers, doar o rotiță dintr-un mecanism uriaș, pe care nu-l controlăm noi. Și, mai ales, că soarele nu se învârte în jurul nostru, că va răsări și după ce noi nu vom mai fi.

Așa că n-ar fi rău ca, în Săptămâna Mare, să încercăm să iertăm, să acceptăm, să înțelegem, să fim buni, să nu judecăm, să credem. Să credem în minuni, în frumos, în iubire, în adevăr. E mare lucru să pui seara capul pe pernă împăcat, mulțumit de tine ca om.

Luați tot ce e verde din piață!

Nimic nu se compară cu spectacolul oferit de natură primăvara, nici la culoare, nici la sănătate!

Miracolul trezirii la viață, înverzirea oricărei crenguțe și oricărui petec de pământ e ceva ce nu trebuie ratat. Nimic din ce cumpărați acum din piețe nu poate fi greșit, v-aș recomanda mai degrabă să abuzați, să exagerați! ☺

Orice frunză înseamnă sănătate, înseamnă vitamine, minerale, multe fibre și apă, enorm de mulți fito-nutrienți și puține calorii. Apropo de fito-nutrienți, sunt acele substanțe benefice, care ne protejează de boli (inclusiv de cancer) și de îmbătrânire, care neutralizează tot ce e toxic în organism. Ei nu pot fi sintetizați în laborator, nu există în farmacie, există doar în legume, verdețuri și mult mai puțin în fructe. Așa că nu aveți altă variantă, mâncați verde!

Oferta e din belșug: ștevie și lobodă, urzici și spanac, salată de toate soiurile și culorile, ceapă, usturoi și minunata leurdă, mărar, pătrunjel și leuștean... faceți o cură de frunze! Gătiți-le ori mâncați-le crude, ca salată. Puneți ceva acrișor (borș, zeamă de lămâie, sos de roșii sau oțet), ca să sporiți absorbția fierului. Puneți și un strop de ulei, ca să se absoarbă nutrienții liposolubili..., și gata, undă verde la verde! ☺

Ouăle și pasca, vedetele zilei

În Vinerea Mare, se roșesc ouăle, iar mâine se coace pasca, acest cozonac cu coroană de brânză, îndesat cu stafide. ☺ Nicicând n-au fost mai inspirați străbunii noștri, decât atunci când au creat pasca, o alăturare firească între cozonacul din cea mai albă făină și brânza proaspătă din laptele gras de primăvară. Delicioasă, rumenită și parfumată, această prăjitură are împletitura meșteșugită în formă de cruce, care stă mărturie a învierii pe toate mesele noastre de români. Pentru că ziua de sâmbătă va fi dedicată pregătirii bunătăților pentru Paște, vă doresc să vă iasă toate din plin, ca o pască aurie și bine crescută! ☺

Despre ou, numai de bine

Paștele tocmai a trecut, dar noi o să tot ciocnim ouă, măcar până la Înălțare. Fie că sunt colorate sau doar fierte, ouăle vor rămâne în actualitate măcar și pentru că, nu-i așa?, odată cu vremea frumoasă, se „deschide“ și sezonul curelor de slăbire. Și ce dietă ar fi aia, fără ou fiert? ☺

Nimic nu satură mai tare și nu ține mai bine de foame decât oul. Și asta cu numai 80 cal. Mai puneți lângă el un iaurt, o felie de pâine prăjită, 2-3 ridichi, castravete și ardei gras, și masa-i gata! Unde mai pui că oul este colecistokinetic, stimulează bila leneșă și îmbunătățește digestia. Așa că profitați că „Hristos a înviat“ și ciocniți... ca să slăbiți! ☺

Cum să faci mișcare, fără să faci sport

Nu am reușit niciodată să fac sport din plăcere, ci doar pentru că trebuia. În consecință, n-am reușit să practic în mod constant nici o formă de activitate fizică, voința mea obosește repede. ☹ Cel mai mult m-a „ținut" faza cu plimbatul labradorului prin parc — două reprize de câte o oră în fiecare zi erau o performanță pentru sedentarismul meu cronic. Acum, cățeloiul meu e bătrân și nu mai am pe cine să plimb. ☺

Un lucru e cert, pentru cei care (ca și mine) sunt „certați" cu sportul: faci mai ușor mișcare, dacă ai un motiv, un scop, altul decât exercițiul fizic în sine. De exemplu, eu prefer să urc scările de la bloc până la ultimul etaj, decât să folosesc un steper, și merg pe jos cât pot de mult, dar nu pun piciorul pe o bandă de alergat. Nu fac sport, dar încerc să fac mișcare, nu atât de des și atât de mult, pe cât ar trebui. Însă, pe principiul „scopul scuză mijloacele", mă gândesc să mă apuc de dans, călărie, grădinărit sau orice activitate care presupune mișcare și care să-mi și placă. Poate așa mă „ține" mai mult. ☺

Am descoperit smântâna lichidă! ☺

Nu știu cum vă descurcați voi cu sosurile albe la gătit, dar pentru mine era o adevărată provocare să nu mi se taie smântâna. Asta, până când, într-un târziu, am descoperit smântâna pentru gătit. Asta da, invenție, iată-mă transformată în cea mai iscusită bucătăreasă! ☺ Pește cu sos alb, mâncăruri de legume gratinate, ciuperci cu smântână..., floare la ureche, toate-mi ies impecabil!

Pe lângă faptul că e gustos și aspectuos, sosul făcut cu două-trei linguri de smântână lichidă reprezintă o variantă dietetică la sosul alb clasic, din faină și unt. Ca să nu mai spun că poate fi folosit de cei care țin cura de slăbire fără glucide (pâine, faină, cartof). Pui în el o „nucă" de brânză cu mucegai sau o lingură de parmezan ras, și este sosul perfect, care transformă orice carne într-un deliciu. Ce bine că există asemenea „invenții" culinare, cu ele viața este mai ușoară și mai gustoasă! ☺

Usturoiul și sora lui, leurda

Despre usturoi, toată lumea știe cât e de sănătos. Are proprietăți anti-fungice, anti-virale (omoară ciupercile, bacteriile și virușii), sporește imunitatea și ne protejează de cancer (efect anti-tumoral). După cum usturoiul reduce colesterolul din sânge, are efect de detoxifiere și de reglare a metabolismului.

Toate bune, dar ce te faci cu mirosul și cu arsurile/indigestia de care se plâng unele persoane? Ei bine, acum e momentul pentru o cură de usturoi, din simplul motiv că usturoiul verde nu are aceste inconveniente. Pline de fibre și de apă, tulpinile de usturoi accelerează digestia și pot fi consumate și de persoanele cu sensibilitate digestivă.

Frunzele de leurdă sunt și ele o formă „ușoară" de usturoi și au avantajul că pot fi mâncate crude, ca salata. Dacă tot e primăvară și tot este anotimpul detox, puneți și usturoi din belșug pe masa voastră!

Cum alegem meniul?

Când eram copil, nu țin minte să fi avut vreun cuvânt de spus în alegerea meniului, mâncam ce ne punea mama pe masă. Uneori, eram și eu martoră la „negocierile" dintre părinți, apropo de mâncarea ce urma să fie gătită în săptămâna următoare. Și nici nu putea fi vorba de schimbarea meniului în fiecare zi, oala/cratița de mâncare gătită ținea două-trei zile.

Alte vremuri, alte obiceiuri, alte posibilități... Azi, toată lumea strâmbă din nas dacă primește două zile la rând același fel de mâncare, dacă nu există măcar două opțiuni de meniu. Toate mamele/soțiile sunt nevoite să ofere libertatea de alegere, după modelul „vrei asta... sau asta... sau poate asta..." ☺ Grea sarcină, dragele mele! Nu e de mirare că vă întrebați, exasperate: „Ce să mai fac de mâncare?"

Soluții simple nu știu, vi le-aș da cu dragă inimă. Singurul lucru pe care pot să vi-l confirm este că mâncarea gătită se poate consuma fără grijă timp de două-trei zile, nu trebuie să fie preparată în aceeași zi ca să fie sănătoasă, merge și reîncălzită. ☺ Iar pentru a varia mai ușor meniul, puteți congela o parte din ea și apoi s-o folosiți la câteva zile sau săptămâni distanță. Cât despre stabilirea meniului, vă recomand să supuneți orice decizie „consiliului de familie". Nu de alta, dar există riscul să vă spetiți gătind mâncăruri sănătoase și variate, pe care ceilalți să nu le aprecieze la adevărata valoare..., după sistemul: „Nu e bun ce e bun, e bun ce-mi place mie!"

Spune-mi la ce poftești, și-ți spun cât de ușor slăbești ☺

Am îndrăznit să fac o parafrază la un cunoscut proverb, pentru că sunt convinsă că preferințele culinare spun mai multe despre noi decât credem. De-a lungul carierei mele, am observat că oamenii fac alegerile alimentare în funcție de un anumit profil psihologic, că nu e întâmplător, nici coincidență nu poate fi, că problemele de siluetă vin „la pachet“ cu alte trăsături: sensibilitate mărită, nemulțumire față de propria persoană, timiditate, perfecționism, grija exagerată față de cei din jur (în detrimentul tău), incapacitatea de a te bucura și a vedea calitățile și talentele personale.

Mai urmează o asociere interesantă: cine preferă gustul dulce e mai pofticios și slăbește mai greu, în timp ce adepții gustului sărat se disciplinează mai ușor și slăbesc repede, dacă reduc porțiile. Mai „grav“ e pentru bărbații cu slăbiciune pentru dulciuri, ei vor fi nevoiți să-și supravegheze permanent dieta, ca și noi, femeile. Există însă un „bonus“ în acest caz, sensibilitatea lor crescută îi ajută să înțeleagă femeile, ceea ce nu-i puțin lucru. ☺

Cei care preferă brânzeturile slăbesc greu și se îngrașă repede, în timp ce iubitorii de carne au mai puține fantezii culinare și-și păstrează silueta mai ușor. Cine iubește gusturile puternice și aromele diferite va fi condamnat să se abțină mereu de la mâncare, în timp ce persoanele care preferă alimentele ușor fade, cu gust neutru, se vor chinui mereu să se îngrașe. ☺

Tot o coincidență amuzantă e și faptul că iubitorii de ceai sunt de obicei normo-ponderali, în timp ce consumatorii de cafea se cam luptă cu kilogramele. Asocierea cu fumatul nu se ia în calcul, pentru că, se știe, țigara arde calorii.

V-am dat doar câteva exemple despre cât de multe spune mâncarea despre noi, ca să vedeți ce meserie fascinantă este aceea de medic nutriționist. ☺

Un pahar de lapte bătut – completarea perfectă la orice masă

Multe persoane se plâng că laptele îi balonează sau că le displace gustul său dulceag. Dar ce spuneți de laptele bătut sau de iaurtul de băut? Fiind fermentat, nu mai conține decât urme de lactoză, deci nu dă disconfort digestiv. Acrișor și răcoritor, se potrivește după orice masă copioasă. Bogat în apă (aproape 90%), este eficient pentru hidratare. Și, nu în ultimul rând, ține bine de foame și satură, având puține calorii, datorită conținutului echilibrat de glucide, proteine, lipide și minerale.

Apropo de minerale, nu degeaba în țările arabe, unde este cald și există risc de deshidratare, se bea lapte bătut la orice masă. În plus, calciul din lapte reduce absorbția de grăsimi, deci este recomandat după mesele bogate în carne.

Dacă ai mâncat doar o salată sau un sandviș, cu un pahar de lapte bătut pe care-l bei în completare, vei avea stomacul plin câteva ore, fără să-ți mai fie foame. Nu mai zic de varianta practică, de consumat la volan sau de avut în geantă: baton de cereale, plus o sticluță de lapte bătut – dietetic și sănătos. ☺

Dac-aș găsi peștișorul de aur...

...I-aș ruga să-mi îndeplinească o singură dorință: să nu mai existe copii supraponderali sau obezi! Dac-aș avea o putere magică, aș scapa toți copiii de kilogramele în plus. Dacă mi-aș imagina o lume ideală, ea ar trebui să fie plină de copii veseli, deci normo-ponderali..., pentru că nimic nu e mai trist și mai grav decât un copil cu kilograme în plus. Pentru că e nedrept ca sufletele lor mici să poarte povara greutății și nefericirea grăsimii! Pentru că un copil nu se naște obez, este doar victima neputincioasă a dezechilibrului unei societăți, a problemelor dintr-o familie, a greutăților unei vieți amare, a luptei pentru ziua de mâine, a frustrărilor și neîmplinirilor unor părinți care nu știu sau nu pot să-l apere de greutăți, la propriu și la figurat.

Dacă vocea mea s-ar face auzită, v-aș spune să vă alarmați imediat ce copilul vostru începe să se îngrașe, să vă gândiți că suferă, din moment ce-și caută alinare în mâncare. Dac-aș putea, aș interzice curele de slăbire la copii, ei nu trebuie pedepsiți suplimentar pentru greșeli care nu sunt ale lor! Ce vină să aibă un copil care mănâncă pentru că-l doare și nu știe să spună ce. Dac-aş şti să fac vrăji, aş împărţi fericirea pe reţetă cu parafă şi atunci aş fi sigură că nu ar mai exista copii obezi. Nu rezolvăm problema ducând copiii la nutriţionist — răul rămâne în continuare nerezolvat. Şi e responsabilitatea noastră, a adulţilor!

Mirosul ne ispitește și ne amăgește

Toată lumea ştie că mâncăm de multe ori cu ochii, că e greu să nu pofteşti la bunătăţile pe care le vezi. Dar ce te faci cu mirosul, e de departe cel mai periculos şi mai perfid deschizător de apetit! Memoria noastră olfactivă ocupă cel mai mult spaţiu pe hard-diskul minţii noastre, iar mirosul declanşează emoţii şi senzaţii mai puternice decât gustul.

Când miroşi ceva bun, eşti transportat automat nu numai în timp, dar şi într-o anumită stare de spirit asociată acelui miros. Şi asta are loc instantaneu, fără să ai vreun control. Poţi evita magazinele sau rafturile cu alimente apetisante, poţi elimina ispitele culinare din cămară sau din frigider, dar mirosul nu-l poţi cenzura! E suficient să fii pe stradă şi de undeva, fără ca tu măcar să vezi de unde, să vină o aromă de pâine proaspăt coaptă, sau de carne la grătar, sau de cartofi prăjiţi... şi gata, pofta e stârnită! ☺

Organismul nostru este construit pe plăcere şi nu trebuie să ne împotrivim stării de bine sau poftei (de orice natură ar fi ea), pe care ne-o trezește un miros. Dacă miroase bine, nu înseamnă că e musai și bun la gust. Nu vă lăsați amăgiți doar de miros, avem cinci simțuri și nu e suficient să ne bazăm doar pe unul, pentru a ne declara satisfăcuți. Uite-așa era să fiu eu păcălită, când m-am spălat pe mâini cu săpun lichid cu aromă de iaurt grecesc și migdale... delicios, dar sigur necomestibil! ☺

Ce spun (sau ce vrem noi să spună) analizele?

Văd din ce în ce mai multe persoane care fac analize cu o pasiune demnă de o cauză mai nobilă. Sânge, hormoni, toleranțe alimentare, alergii, pentru toate există nenumărate analize. Nu spune nimeni să nu ai grijă de sănătate, să nu faci periodic un control, dar mie mi se pare c-am început să punem carul înaintea boilor: facem analize, sperând că vom găsi o explicație medicală clară și concretă pentru ceva ce știm că nu merge bine în viața noastră.

Altfel spus, facem din analize o motivație, o scuză necesară conștiinței, dăm vina pe nefuncționarea optimă a organismului pentru toate lucrurile pe care le-am vrea de la noi și nu le putem duce la bun sfârșit. Slăbitul e cel mai frecvent dintre ele, nu noi suntem responsabili pentru ce mâncăm, ci organismul ne cere din cauză de hipoglicemie, deficit de hormoni, intoleranțe și câte și mai câte. ☺ Noi am vrea, dar el nu ne lasă!

Nu vă mai amăgiți, ordinea este exact inversă: nu afecțiunile și bolile din corp ne afectează relația cu mâncarea, ci dezechilibrul din alimentație determină diverse afecțiuni. Dacă te-ai îngrășat mult, mănânci haotic și ai făcut din dulciuri partenerul vieții tale — ce rost mai are să-ți faci analizele, sigur sunt proaste!

Analizele ne confirmă ceea ce simțim și singuri: corpului nu-i este bine. Dar faptul că-ți faci analizele nu schimbă cu nimic situația, nu rezolvă problema. Nu glicemia mare și colesterolul crescut trebuie tratate, ci cauza inițială care a declanșat totul. Anume, nu CE ai mâncat, ci DE CE ai mâncat. Până nu înlături stresul, nemulțumirea, frustrarea și tristețea din viața ta, până nu faci pace cu propriul eu, analizele tot proaste vor fi. Fiindcă organismul suferă, și nu-l vei repara nici înfometându-te, nici mâncând salată!

Alegem, până culegem ☹

Paradoxal, cu cât avem mai multe opțiuni, cu atât facem o alegere mai greu. Dacă ești pus să alegi din zece tipuri de înghețată, poți să te decizi, dar dacă sunt cincizeci de feluri, devine aproape imposibil!

Supra-oferta de produse, departe de a ne face viața ușoară, devine o pacoste. Creierul ni se blochează, nu mai are repere, nu mai găsește argumente pro sau contra, suntem năuciți. De la 800 de tipuri de produse la raft, supermarket-urile bat cifra de 8.000! Ce pâine să cumperi? Care iaurt e mai bun? Care salam?

Între ofertele de preț și ofertele de diversitate, cumpărătorul își pierde siguranța, nu mai știe ce vrea, ce îi place. Informațiile de pe etichete seamănă între ele, ai impresia că-ți încerci norocul la loto.

Recunosc, pe mine această avalanșă de produse mă face să fiu conservatoare și reticentă. Am ajuns să cumpăr doar câteva *brand*-uri, să mă limitez doar la câteva sortimente care s-au dovedit pe gustul meu, care mă satisfac. În cărțile de nutriție serioase, s-a ajuns să se recomande monotonia!? Și, prin monotonie, nu înțeleg chiftele cu cartofi zilnic, ci alimente de bază cumpărate ca atare, fără să mai iei nimic procesat, semipreparat, transformat. Legume, fructe, făinoase, carne, pește, lactate... simple. Și te apuci de gătit, le prepari și le combini cum vrei, la tine acasă. Nimic din ceea ce face industria alimentară nu poate fi mai sănătos.

Or fi ele tentante și savuroase toate cutiile și recipientele care ne fac cu ochiul de pe rafturi, dar să ne gândim la simțurile noastre care nu mai pot/știu să identifice atâtea produse. Nu vă propuneți să gustați din toate, nu merită! Mergeți pe principiul „simplu și bun“ sau, cum ar spune englezii, *less is more*.

Sistemul de recompensă

Mâncarea este făcută ca să ne dea stare de bine, asta e scris în genele noastre! De câtă și de care mâncare avem nevoie pentru a obține acest bine, aici lucrurile variază de la om la om. Până acum, medicii știau — sper! ☺ — că persoanele cu predispoziție la obezitate au o dificultate în a-și obține starea de bine. Adică, ei nu se refugiază în mâncare pentru că sunt lipsiți de voință sau nepăsători, ci pentru că, din păcate, ating mai greu homeostazia cerebrală (echilibrul chimic din creier).

Așa c-aș vrea să-i susțin pe toți cei care, de-a lungul vieții, s-au luptat cu această „foame nervoasă", care au nevoie de cantitate, care nu pot spune că s-au săturat după două înghițituri, care și-ar dori să dețină controlul în relația cu mâncarea. Ei bine, totul ține de sistemul de recompensă cu care ne-am născut! Este vorba de zonele din creier, care sunt „sensibile" la mâncare. Cu cât sunt mai mari, cu atât va fi nevoie de mai multă mâncare să le satisfacă! ☹

Există și o explorare imagistică (nu la noi!), prin care sistemul de recompensă este evidențiat cu substanță de contrast. Este fascinant să vezi rezultatele: la gurmanzi, creierul „se aprinde" ca un pom de Crăciun, în schimb, la persoanele detașate de mâncare, abia vezi câte o pată de lumină ici-colo. Încă o dovadă că suntem cu toții diferiți... și că „slăbiciunea" pentru mâncare nu înseamnă lipsă de voință — așa te naști!

Fricile sunt ca stelele de pe cer

Ele nu dispar niciodată, doar că sunt mai vizibile pe întuneric ☹. Așa se face că momentele de frenezie alimentară, abaterile de la regulile unei diete sau episoadele de mâncat nervos apar mai ales după lăsatul serii.

Toate fricile, anxietățile, frustrările, nemulțumirile, tristețile, neîmplinirile de peste zi își arată colții pe înserat. Și pentru că mușcă din sufletul nostru, și pentru că doare, apelăm la mâncare, ca să anesteziem locul, ca să scăpăm de gustul amar al suferinței.

Însă mâncatul nu face să dispară întunericul din suflet, e doar o flacără plăpândă, care face un pic de lumină, ca în basmul cu fetița cu chibriturile, apoi ne arde la degete și doare și mai tare. Ce soare ar trebui să strălucească în inima noastră, ca să nu mai vedem stelele fricii? Nu știu, poate acela al împăcării, al acceptării, al bunăvoinței și al înțelegerii propriei tale ființe.

Ferice de oamenii mulțumiți, cărora le e bine în pielea lor. Cred că în sufletele lor sunt aprinse mereu candelabrele bucuriei!... ☺

Dacă tot e smântână, atunci e musai să NU fie vegetală!

Din ce în ce mai frecvent, pe lista de ingrediente a diferitelor produse ori în meniurile restaurantelor, găsesc această struţo-cămilă denumită elegant „smântână vegetală". Iniţial, credeam că e consecinţa noului *trend* de alimentaţie vegetariană, în care toată lumea fie ţine post, fie are intoleranţă la lactoză, deci nu mănâncă lapte. ☹ Abia acum câteva zile, văzând un documentar despre modalităţile de eficientizare a alimentelor (cum să te coste puţin şi să le vinzi scump), mi-am dat seama că e strict politică de câştig financiar.

Adevărul este, dragii mei, că sub denumirea de „vegetal" se ascunde grăsimea tip margarină. Pentru că laptele a fost, este şi va fi (sper!) mai scump decât uleiul, deci este avantajos să-l foloseşti ca înlocuitor. Nu, nu e mai sănătos să mănânci smântână, brânză şi unt din vegetale, e doar foarte ieftin. Sunt produse de cea mai proastă calitate, bunul vostru simţ trebuie să admită: ce să caute grăsimea vegetală în smântână, unt şi brânză?! Cine a pomenit aşa ceva?!

Doar că vi se vinde grăsime vegetală care numai *arată* ca smântâna sau ca brânza; dacă vi s-ar spune că e margarină, n-aţi mai cumpăra! Nimeni nu spune că margarina trebuie desfiinţată — ce mă deranjează este minciuna mascată sub aparența sănătății și a grijii pentru client. Ei bine, eu recomand să deschideți ochii și să evitați orice preparat de smântână și de brânză pe bază de grăsime vegetală. Când vrei o porție de paste sau o pizza cu sos de brânză, margarina sub orice formă nu are ce căuta în ea!

Și la ora 10, tot mic-dejun se numește!

Întâlnesc tot mai multe mame care nu știu cum să procedeze mai bine cu micul-dejun al copiilor lor. Și nu conținutul ar fi problema, ci ora.

Majoritatea copiilor merg la școală dimineața, deci la ora 8, vrei – nu vrei, trebuie să ieși cu ei pe ușă spălați, îmbrăcați și mâncați! Nu vreau să mă gândesc la ce cursă matinală contra-cronometru se desfășoară în fiecare familie cu copii ☺ și ce strategii se cer născocite pentru ca cei mici să înghită rapid micul-dejun.

Nimeni nu ar îndrăzni să plece cu copilul nemâncat, doar scrie în toate cărțile că performanța intelectuală și sănătatea lui depind de masa de dimineață. Nu contează dacă nu-i e foame, dacă mâncatul este pe fugă și fără plăcere — trebuie să mănânce, și gata! Ei bine, există o variantă pe cât de practică, pe atât de corectă nutrițional: dați-i un sandviș la pachet, pe care să-l mănânce în prima recreație.

Tot mic-dejun înseamnă și masa pe care copilul o ia la ora 10, nu trebuie să fie cu ochii lipiți de somn, ca să se cheme că a mâncat dimineața. În plus, apucă să se liniștească, să-i fie foame, lucru aproape imposibil, dacă mâncatul e făcut în viteza plecării la școală. Nu-i îndopați pe cei mici, când abia s-au trezit, nu le trebuie mâncare. Respectați-le ritmul organismului, dați-le posibilitatea să le fie foame și veți vedea că nu trece ora 10, iar ei să uite de micul-dejun!

Suplimentele nu sunt alimente

Îi urăsc pe americani pentru falsa impresie pe care le-au creat-o oamenilor, potrivit căreia nutriția este ceva științific, ce poate fi obținut printr-o tabletă! La ei, e la modă să „mănânci" zeci de pastile în loc de mâncare. ☹ Au impresia că știu mai bine ce-i trebuie organismului și se îndoapă cu suplimente de toate felurile, făcând foamea!

Ce nerușinare să sfidezi natura, să crezi c-ai găsit cheia sănătății și a tinereții veșnice într-un flacon de prafuri. Doamne-ajută, lucrurile sunt mai complexe de atât, nimeni nu poate cunoaște complet mecanismele prin care corpul nostru își ia nutrienții din hrană. Nici măcar nu sunt toți identificați, darmite să poată fi sintetizați!

Nimic nu poate înlocui o dietă echilibrată și diversificată. Câte puțin din toate, asta trebuie să-i dăm noi organismului. În rest, știe el ce are de făcut. ☺

Fie că ne place sau nu, semănăm cu părinții noștri...

Se spune că, dacă vrei să vezi cum vă arăta o femeie când îmbătrânește, să te uiți la mama ei. Nu doar mama contează, tatăl poate fi la fel de relevant. ☺ Suntem „reproduceri" ale părinților noștri, în noi se află bucățele amestecate de la mamă, tată, bunici..., totul se moștenește!

Natura nu are reguli, ba uneori chiar se amuză: există băieți micuți de înălțime, pentru că seamănă cu mama, sau fete masive, fără talie și cu picioare lungi, pentru că seamănă cu tata. Poți să te consideri norocos sau ghinionist, dacă ai moștenit o anumită trăsătură/constituție, însă e bine să știi că nu poți schimba asta. Și să accepți, să nu te lupți, să nu te împotrivești. Nu te întreabă nimeni dacă vrei să ai sânii mari sau ochi albaștri, dacă preferi coapsele groase sau încheieturile subțiri. Însă am văzut multe persoane care au impresia că, slăbind, îți poți redefini corpul. Păguboasă metodă, slăbitul nu modelează, doar dezumflă. De multe ori, o zonă care și-a pierdut stratul adipos e mai urâtă, mai flască, mai lipsită de tonus.

Atenţie la joaca de-a slăbitul şi reîngrăşatul, strică pielea! Dacă nu ai picioare lungi şi frumoase din naştere, cura de slăbire nu-ţi rezolvă problema. Dacă ai o conformaţie (moştenită din familie) cu burtică proeminentă şi cu braţe subţiri, degeaba slăbeşti. Dacă, atunci când mergi, ţi se freacă genunchii unul de altul, nu înseamnă că eşti gras, astea sunt forma şi poziţia lor. Nu ne putem rezolva toate problemele fizice prin slăbit, corpul nostru are limite! Aveţi curajul să vă priviţi cu atenţie părinţii, veţi recunoaşte la ei bucăţelele din care sunteţi şi voi alcătuiţi. Şi faceţi pace, acceptaţi şi segmentele care nu vă sunt pe plac, cu puţin sport şi haine care să vă vină bine, nimeni nu va observa aşa-zisul defect... De cele mai multe ori, el e doar în mintea noastră! ☹

Începeţi cu ce-i mai bun din farfurie, veţi mânca mai puţin!

Experiment: o femeie este pusă să deguste două sortimente de ciocolată. În ziua întâi, i se oferă o ciocolată banală, obişnuită. Ia două bucăţi. Apoi, i se oferă o ciocolată fină, de calitate, deosebită. Şi din asta, mănâncă tot două bucăţi. În total, patru bucăţi.

A doua zi, povestea se repetă, doar că, de astă-dată, prima din care i se oferă este ciocolata fină. Femeia ia două bucăți. Apoi i se oferă ciocolata obișnuită și, ce să vezi?! Femeia spune că nu mai vrea, e mulțumită cu cele două bucăți!!

Morala: dacă ești satisfăcut după ce ai mâncat ceva bun, e puțin probabil că vei continua să mănânci un produs cu gust inferior acestuia. Altfel spus, odată ce te-ai săturat cu ceva ce-ți place mult, vei putea să te abții, să te oprești din a mânca lucruri mai puțin apetisante/atrăgătoare.

Încercați și voi, veți constata că, începând cu ce vă place cel mai mult, e mai ușor să lăsați mâncare în farfurie. Așa, nu trebuie să te forțezi să mănânci tot, nu-ți pare rău după ce nu mănânci. La final, ajungi să mănânci mai puțin. ☺

«Au înnebunit salcâmii de-atâta primăvară...»

...Cum bine zice Tudor Gheorghe. ☺ E plin orașul de ciorchini parfumați și colorați. Miraculoasă natura, cum reușește ea să pună atâta aromă și dulceață în niște flori!

La mine, la țară, bunicii nu-i plăceau salcâmii, o necăjeau, fiindcă se întindeau prin grădină, creșteau repede și făceau multă mizerie. Nici lemnul nu era prea de soi, mai mult mătura de la ei frunza uscată. Nu-mi amintesc s-o fi auzit vreodată pe bunica lăudând florile de salcâm, așa cum le lăuda pe cele de tei. Probabil de aceea am crescut ignorând salcâmii... și ce păcat! ☹

Florile de salcâm chiar sunt comestibile, le poți mânca proaspete, ca atare, puse în salate și în prăjituri sau uscate și transformate în ceai. Nu numai că sunt dulci și parfumate, dar sunt un remediu excelent pentru arsurile de stomac, crizele de gastrită și ulcer, refluxul gastro-esofagian. Și la digestie fac bine, au efect calmant pentru colonul iritabil și sensibilitatea digestivă.

Nu știu dacă de mâine mă apuc să mănânc flori de salcâm, dar promit să nu mai treacă nici o primăvară, fără să-mi umplu sufletul de parfumul ciorchinilor delicați! Într-adevăr, au înnebunit salcâmii, iar noi putem beneficia gratuit de acest răsfăț aromat! ☺

Chiftele pe plită – asta da, invenție!

În America, probabil s-ar numi hamburger, dar aici, pe plaiuri mioritice, se numește chiftea.

Eu am crescut cu chiftele prăjite în ulei, mai țin minte și acum cratița specială în care mama le făcea, roșie, cu smalțul sărit și arsă pe fund — dar ăsta era avantajul, pentru că așa nu se lipeau. ☺ Era sărbătoare când aveam chiftele, tocmai pentru că le făcea rar — doar erau prăjeală. Nu i-ar fi trecut nimănui prin cap să încerce și altă metodă de coacere, tradiția era clară!

Astăzi, recunosc sincer că prepararea chiftelelor la cuptor sau pe plită le sporește și gustul, și calitățile nutritive. Orice chiftea înseamnă carne tocată, deci un strop de grăsime are, suficient cât să nu se ardă la copt. Apoi, faptul că nu mai au crusta aceea indigestă le face mai ușor de tolerat, iar absența uleiului de prăjit le transformă într-un produs dietetic.

Poți să amesteci carne de mai multe feluri, pui condimente și verdețuri din belșug, merge și un ou să le lege mai bine, și gata — la copt cu ele! Că le modelezi turtițe sau gogoloaie, nu contează, fiecare după preferințe. Că sunt apoi coapte la cuptor sau rumenite pe plită (sau în tigaia anti-aderență), iarăși nu contează. Ce contează este că obțineți în final un preparat savuros și sănătos, de s-ar mira și bunicile ce gospodine istețe suntem noi astăzi!

Palma – cea mai sigură măsură pentru o porție corectă

Ne întrebăm mereu ce trebuie sau ce avem voie să mâncăm, când de fapt totul ține de cât mâncăm.

Porția corectă este aceea care ne oferă libertatea de a mânca orice, dar cu măsură. Mezelurile și brânzeturile se mănâncă cu bucățica de două-trei degete (două-trei felii), dulciurile - câte două-trei lingurițe, iar făinoasele - câte două-trei linguri. Doar așa poți mânca din toate. ☺

Dac-ar fi să descriem farfuria ideală, ea ar trebui să fie de dimensiunea palmelor noastre puse alături. Nu contează dacă ai palmele mici sau ești copil, farfuria potrivită ție este cât palmele tale. Și, din această farfurie, jumătate ar trebui să fie legume. Apoi, un sfert e reprezentat de proteine (carne, pește, brânză, ou) și ultimul sfert — de glucide (pâine, mămăligă, paste, orez, cartofi, mazăre, fasole boabe).

Când vorbim de ciorbe, castronul trebuie să fie cât doi pumni strânși, asta înseamnă două-trei polonice, în funcție de persoană. Atenție la copii, ajustați porția în funcție de mâinile lor. În general, porția unui copil de 8-10 ani trebuie să fie cu 25-30% mai mică decât a unui adult.

Și nu doar porția contează, ci și numărul de feluri de mâncare de la masă. Au trecut vremurile în care puteam să mâncăm mai multe feluri, astăzi ne putem mulțumi cu un fel unic, la cât suntem de sedentari. Iar dacă vreți diversitate și țineți și la siluetă, mâncați jumătate de porție de aperitiv, fel principal și desert. Ideal ar fi să împărțiți cu cineva fiecare fel, în mod real porțiile care ne sunt servite de obicei sunt pentru două persoane. Așa suntem noi românii, generoși! ☺

Credeți c-am mânca mai puțin, dacă mâncarea ar fi mai scumpă?

În Danemarca, s-a introdus o taxă suplimentară pe alimente, pentru a descuraja consumul. În afară de produsele de bază (pâine, lactate, carne, pește etc.) și de alimentele simple, tot ce este semipreparat, concentrat în calorii, frumos ambalat și, deci, industrializat e mai scump.

Cu siguranță, diversitatea foarte mare de produse alimentare ne ispitește și ne îndeamnă să cumpărăm tot mai multe sortimente, dar și prețul este un factor încurajant. În România, mâncarea e departe de a fi ieftină și, din păcate, românii sunt dispuși să-și cheltuiască tot venitul, ca să-și umple frigiderul.

Nu știu, poate dacă alimentele ar fi mai scumpe, am cumpăra mai puțin. Dar eu cred că o asemenea măsură ar crea mai degrabă frustrare și nemulțumire. E greu să vezi un produs și să recunoști că nu ți-l poți permite. ☹ Iar în final, am mânca tot mult, dar prost. Nu putem aștepta de la autorități sau de la Ministerul Sănătății legi care să impună moderația. Nimic impus din exterior nu te va convinge, nu vei respecta. Soluția vine tot din noi, deși nu e simplu…, mai puțin și mai bun e sigur mai sănătos!

Începe sezonul salatelor, fiți zgârciți la ulei, dacă țineți la siluetă!

Salata este percepută de toată lumea drept un fel de mâncare dietetic, dacă nu chiar de regim. Când vrei să nu mănânci mult, iei o salată ☺, însă beleaua e cu sosul sau *dressing*-ul.

Legumele sunt sărace în calorii, însă pot deveni al naibii de „bogate“, dacă socotim 100 cal pentru fiecare lingură de ulei sau 80 cal pentru fiecare lingură de *dressing*. Oțetul nu se pune, dar atenție la brânză, dați-o pe răzătoare, să pară mai multă, și să vă puteți bucura de gustul ei, micșorând cantitatea. Parmezanul este și el un ingredient de luat în seamă: cu gust puternic și mult calciu, vă desăvârșește salata pentru numai 50 cal/lingură. Și sosul făcut din iaurt cu muștar sau ierburi aromate poate reprezenta o variantă. Măslinele pot înlocui uleiul, iar, dacă folosiți conservele de pește în ulei, scurgeți-le bine înainte.

La capitolul carne, pește, ou, nu există pericol, dau sațietate și transformă salata într-un fel de mâncare complet și hrănitor. O felie de pâine poate întregi meniul, dacă e vorba de masa de prânz, ca să vă săturați. Și, având în vedere că o felie pâine = 80 cal, iar o lingură de ulei = 100 cal, hotărâți singuri cât de dietetică vreți să fie salata voastră. ☺

Nu trebuie să devenim vegetarieni, doar să mâncăm mai puțină carne

Produsele de origine animală au devenit, în ultima vreme, „vinovatele“ de serviciu pentru tot răul din viața noastră — se creează falsa impresie că, dacă am fi vegetarieni, nu numai c-am fi mai sănătoși, dar am trăi mai mult!? Nu prezența lor în alimentația noastră e problema, ci frecvența și cantitatea în care le consumăm.

Ar fi ideal, da, să mâncăm carne de două-trei ori pe săptămână, având în vedere că noi o mâncăm de mai multe ori pe zi. Și, când spun carne, înțeleg toate sortimentele de carne și pește, plus derivatele lor, mezelurile. La capitolul brânzeturi, din nou facem exces și, mai ales, nu facem diferența între produsele lactate slabe (lapte, iaurt), care pot fi consumate zilnic, și brânzeturi/cașcavaluri, care trebuie mâncate rar și puțin.

Diversitatea produselor de origine animală ne permite folosirea lor alternativă, însă n-ar fi rău dacă ne-am limita la un singur fel pe zi. Variați meniul și includeți carnea, SAU peștele, SAU oul, SAU mezelurile în dieta zilnică, iar brânza transformați-o în condiment (adică puțină și, dacă se poate, rasă ori pusă într-un sos). În rest „abuzați“ de legume și leguminoase (fasole, mazăre, linte, soia, quinoa), includeți un fel de mâncare cu amidon (pește, orez, mămăligă, cartof, cereale, pâine), completați cu semințe și fructe oleaginoase (alune, migdale) și folosiți fructele proaspete ca desert. Și veți fi sănătoși, chiar dacă nu sunteți nici vegetarieni, nici vegani. ☺

De când „neîndulcit“ înseamnă „cu miere“?

A venit căldura și, odată cu ea, vremea limonadei. Anul ăsta, însă, mă tot lovesc de o situație căreia nu-i găsesc explicația: comand o limonadă cu mentă neîndulcită și primesc, aproape tot timpul, una cu miere. Iar la nedumerirea mea, chelnerii răspund: „Păi, nu are zahăr, e cu miere!...“

Oare știu ei ceva ce eu n-am aflat, cum că mierea ar fi înlocuitorul ideal și sănătos pentru zahăr? De unde vine această falsă impresie că mierea este mai bună decât zahărul?

Pentru siluetă, e o belea, se absoarbe mai repede în sânge, determină o secreție mai mare de insulină și, ca urmare, îngrașă mai tare!

Pentru satisfacția gustului, iarăși e o belea, mierea are o putere de îndulcire mai mare, de aceea trebuie folosită cu zgârcenie, 1/3 linguriță de miere = 1 linguriță de zahăr. Însă nimeni nu pune un vârf de linguriță de miere, generozitate care ne modifică percepția gustului dulce. În comparație cu mierea, totul pare mai puțin dulce, deci vom fi satisfăcuți doar de gustul ei intens. ☹

Structural, mierea și zahărul sunt identice, ambele sunt dizaharide. La zahăr, moleculele sunt legate între ele, la miere sunt libere. În consecință, corpul nostru nu mai cheltuiește nici o calorie pentru a metaboliza mierea, ea trece instantaneu în sânge, e ca o perfuzie de glucoză în venă!

O fi având ea, mierea, beneficii pentru sănătate, dar în aplicații locale: are efect calmant asupra inflamațiilor (mai ales cele din gât), protejează și hrănește pielea, calmează iritarea și arsurile. În schimb, mierea înghițită este departe de a fi la fel de folositoare. Cui îi place mierea, este liber s-o consume... pe propria răspundere. Însă, pentru cei care au probleme cu silueta sau vor să reducă aportul de zahăr din dietă, mierea nu este o opțiune. Așa încât voi lupta pentru coborârea ei de pe podiumul pe care cei mai mulți oameni au plasat-o: mierea este naturală, dar îngrașă mai tare ca zahărul! Iar limonada vreau să-mi fie neîndulcită, adică fără zahăr și, mai ales, fără miere. ☺

Cireșele – un deliciu de început de vară

Puțini sunt cei cărora nu le plac cireșele. Încă și mai puțini sunt cei care mănâncă cireșe cu moderație, adică un pumn, doi. Cei mai mulți așteptăm cireșele ca pe o sărbătoare, ca pe un moment de frenezie de consum ☺, și pe bună dreptate, doar câteva săptămâni din an te poți delecta cu cireșe. După părerea mea, deci, având în vedere preferințele majorității, putem defini normalitatea așa: cireșele sunt un deliciu și se mănâncă numai cu castronul (cu kilogramul, adică)!

Diuretice și laxative, cireșele conțin sorbitol, o formă de zahăr care balonează, dar și accelerează tranzitul. Așa că, nu vă mirați, cireșele umflă burta și, de multe ori, ăsta e semnul că trebuie să ne oprim din mâncat. ☺ Efectul diuretic îl asigură conținutul mare de potasiu, un argument important, dacă vreți să folosiți cireșele pentru o cură detox (ca aliment unic, 1-2 kg/zi)

Și, dacă tot vorbim de cură, n-ar fi rău să vă aduc aminte că cireșele îngrașă. ☹ Bineînțeles, nu vorbesc de cireșele de mai, apoase și fără gust, ci de bunăciunile dulci și pietroase care urmează în iunie. Cu 600 cal/kg, cireșele pot afecta silueta... dacă exagerăm. Ajustați-vă dieta în funcție de câte cireșe vreți să mâncați, puteți renunța la o masă de dragul lor sau puteți mânca numai cireșe o zi întreagă. Nici varianta cu 1-2 kg în plus la cântar, după o cură de cireșe nu e dramatică, în definitiv merită „sacrificiul". Și aveți tot timpul să slăbiți până la anu' în luna mai... pentru un alt ospăț cu cireșe. ☺

Căpșunile – desertul ideal în cura de slăbire

Căpșunile sunt cel mai prietenos fruct, când vine vorba de siluetă. Pline de minerale, vitamine și bioflavonoide cu proprietăți anti-cancerigene, căpșunile pot fi considerate „vedetele“ primăverii. Sărace în calorii și bogate în fier, potasiu, fosfor, calciu, zinc și iod, căpșunile se remarcă și la categoria produse dietetice, tonice și detoxifiante.

În structura lor, există un zahăr particular, levuloza, care are o absorbție foarte lentă și nu stimulează secreția de insulină (hormon care ajută caloriile să se depună ca grăsime). În consecință, căpșunile sunt desertul ideal pentru cei care țin cură de slăbire ori au diabet. Căpșunile conțin mai multă vitamina C decât portocalele, dar și acid folic și vitamina B2 (aviz anemicilor ☺), iar aportul mare de fibre le recomandă pentru combaterea constipației și a colesterolului crescut. Sunt diuretice, laxative și ajută la detoxifierea ficatului. Efectul lor puternic anti-oxidant le face campioane și la categoria alimente anti-*aging*, fiindcă neutralizează acțiunea radicalilor liberi și se opun îmbătrânirii. ☺

Semințele mici din structura căpșunilor declanșează în organism sinteza de feromoni, elemente responsabile de atracția sexuală, de unde și proprietățile lor afrodisiace. Unii spun că posedă și capacitatea să albească dinții... dacă e adevărat sau nu, chiar nu mai contează, cred că aveți destule argumente pentru o „cură“ de căpşuni!

Moşii de vară,
adică dezlegare la orez cu lapte și cireșe

Ce sărbătoare frumoasă a copilăriei mele mai erau și moșii ăștia! Nu prea înțelegeam eu care era semnificația religioasă, cine au fost ei și ce au făcut, dar orezul cu lapte îl așteptam cu nerăbdare. Făcea și bunica, făceau și femeile din sat, dar nu semăna unul cu altul. Preferatul meu era cel mai lăptos, mai lichid, nu întărit ca o budincă. Cireşele nu erau prea de soi, ce să găseşti în luna mai ☹, dar nu făceam mofturi... Câteodată, se întâmpla ca bunica să facă buchețele mai pricopsite, când îi aducea mama cireșe arătoase de la Bucureşti, fiindcă la noi, la Câmpina, era natura întârziată cu câteva săptămâni. Atunci, ieșea mereu scandal, noi dădeam iama în cireșe și rămâneau bietele căni cu orez văduvite de buchețelele lor dulci.

E frumos să existe sărbători asociate cu un fel de mâncare, în felul acesta devine festiv și un banal orez cu lapte, este așteptat și savurat ca un lucru special. Nu ratați prilejul de a împărți, în amintirea celor ce nu mai sunt, o cănuță cu orez cremos: indiferent de ce bunătăți am avea în casă, mereu este o bucurie să primim de pomană, are alt gust. ☺

Petrecerile – un pretext de a fi împreună

În *weekend*-ul ăsta lung, am decis să fac o mică petrecere, ceva simplu, câțiva prieteni la mine acasă. N-am mai făcut asta de mult, să fie vreo opt-zece ani, așa că m-am stresat un pic: ce mâncare să fie și, mai ales, câtă (să nu cumva să nu ajungă ☺), ce băutură ar fi potrivită, cum să întrețin atmosfera, să se simtă lumea bine..., multe întrebări și frământări inutile, pentru că, până la urmă, am realizat că nimic din toate astea nu conta, e bine doar pentru că oamenii sunt împreună.

Ba pot spune că am avut și câteva „revelații". Nu se mai mănâncă la fel ca pe vremuri, toată lumea se mulțumește acum cu câteva aperitive, ceva de ronțăit, cât să poți bea un pahar. Nici vorbă de mai multe feluri de mâncare, caldă nici atât! Dacă e seară și vară afară, numai de produse gătite și sofisticate n-ai chef. Apoi, am văzut că plăcerea de a te vedea cu ceilalți și de a discuta depășește inhibițiile închipuite de mine, oamenii nu mai trebuie să se cunoască dinainte, ca să socializeze, ne împrietenim firesc unii cu alții — așa e normal.

Concluzia serii a fost pentru mine îmbucurătoare și surprinzătoare: mâncarea trece pe locul doi, dacă avem o companie plăcută, în care să ne simțim bine. Mâncarea e doar pretextul, instrumentul care aduce oamenii împreună. Și această interacțiune cu ceilalți ne satisface o parte din simțuri, din emoții, astfel că, în final, avem nevoie de mai puțină mâncare. Și, cum jumătate din mâncarea pregătită a ajuns la o casă de copii, sunt sigură că invitații mei s-au simțit bine! ☺

S-au copt dudele!

Astăzi, ieșind de la dentist, am găsit în spatele blocului un dud plin cu dude coapte! ☺ Și, deci, iată-mă dând iama în dude, până mi s-au făcut buzele vinete și degetele lipicioase. ☺

Nu-mi amintesc să mai fi mâncat atâtea dude din copilărie, iar la bunica aveam niște duzi înalți, în care nu te puteai cățăra, așa că ciuguleam ce pica pe jos... nu ca dudul ăsta dintre blocuri, tinerel și cu crengi joase, mură-n... de fapt, dudă-n gură, ca să zic așa! ☺

Și, că tot am zis de mură, dudele se aseamănă tare mult cu murele și cu alte fructe de pădure: la fel de sănătoase, de bogate în fito-nutrienți, în fibre, vitamina C și acid folic. Pigmenții care colorează duda (anto-cianați) au efect anti-oxidant puternic, ajută la detoxifiere și sporesc imunitatea. Iar resveratrolul din dude (același cu cel din vinul roșu) este un polifenol cu efect benefic asupra circulației sângelui. Da, dudele sunt dulci, dar nu ai cum să te îngrași de la ele, sunt atât de efemere ca prezență... ☹

Așa că abia aștept să mă duc și joi la dentist, să mă auto-servesc cu încă o porție generoasă de dude! ☺

Varza nouă – dietetică și gustoasă

Despre varză, numai de bine, vorba aia, e vedeta curei de slăbire, de când cu celebra supă de varză. Fie că e folosită în aplicații locale, fie consumată ca mâncare, varza este alcalină, anti-inflamatoare, depurativă, detoxifiantă — într-un cuvânt, sănătoasă.

Singura precizare e că trebuie gătită corect, dacă vrem să fie și dietetică. Ce numeam pe vremuri varză călită însemna varză prăjită în ulei, adică cu multă grăsime. La 100 cal/lingura de ulei, vă propun varză fiartă înăbușit. După ce o tocați, puneți-o într-o cratiță acoperită, cu sare și un deget de apă. Lăsați-o să fiarbă la foc mic jumătate de oră și, după ce s-a înmuiat bine, adăugați roșii și suc de tomate după gust (pot fi și din conservă), eventual bulion de zarzăre și mult mărar. Simplu, delicios și fără strop de grăsime! Mărarul ameliorează celulita, iar, dacă mai puneți lângă și un ardei iute, slăbitul e garantat. ☺ Merge cu o bucată de carne sau pește ori cu o felie de pâine sau mămăligă - mâncare simplă pentru zile de vară!

Codul bunelor maniere spune...

...Că lumânările și sticlele de tărie dintr-o casă trebuie să fie începute!

Îmi amintesc zâmbind de punerea în scenă pe care o pregătea tata când aveam musafiri. ☺ Știți și voi, ordine și curățenie, prosoapele bune, vesela din servantă, sticle de alcool, ca și cum era ceva firesc, ca și cum pe alea le foloseam și noi în fiecare zi. Aranjamentul casei căpăta o notă festivă, o bunăstare, un lux degajat..., să vadă musafirii c-o ducem bine. ☺ Dragul de tata, mereu vroia să fie bine, dar și să impresioneze.

Ei bine, de atunci, știu că singurele lucruri care nu trebuia să fie noi, neîncepute, erau lumânările și sticlele de tărie. Probabil în cazul aristocrației autentice, al burgheziei de modă veche, era obligatoriu să ai lumânări la fiecare masă și în fiecare zi să bei un pahar de alcool tare. Nu trebuia să te pregătești special pentru musafiri, trebuia să știi să te respecți, să te răsfeți, indiferent de anturaj, chiar și atunci când erai singur.

Am admirat întotdeauna această eleganță a oamenilor care știu să trăiască frumos, indiferent dacă-i vede sau nu cineva. Și firescul acesta de a fi rafinat și atent cu tine... E drept că asta se învață, se moștenește, se imită, când vezi în familie. Dar și pentru noi, cei cu sânge ne-albastru, e un lux accesibil și atât de reconfortant. ☺ Încercați și voi o cină sau un pahar la lumina lumânărilor... *Priceless!*

Motivația – elementul esențial pentru schimbare

Mă confrunt, în activitatea mea profesională, cu o problemă de care depinde toată reușita celor ce doresc să slăbească: cum să-i ajut să găsească motivația/determinarea de a trece la o schimbare în alimentația lor, cum să le trezesc voința/dorința de a-și disciplina relația cu mâncarea?

Secretul stă tot în puterea lor de a vrea cu adevărat, mai mult decât orice pe lume. Când vrei un lucru cu toată ființa ta, când el devine prioritatea vieții tale, când nimic nu e mai important decât obiectivul pe care ți l-ai propus, atunci și faptele/acțiunile tale vor fi în consecință. Când vrei cu adevărat, poți, spunea pe vremuri o reclamă. Eu aș spune așa: când vrei cu adevărat, faci! Adică nu mai vorbești, nu mai amâni, nu mai găsești scuze și explicații, doar faci!

Si mai este un mecanism important, acela al recompensei. Orice schimbare presupune un deranj, un stres, ieșirea dintr-un confort, o frustrare, ceva neplăcut. Deci este obligatoriu să existe o recompensă, pentru ca subconștientul nostru să fie de acord cu asta. Și nu orice recompensă, ci una pe măsura efortului. Altfel spus, nu veți reusi să slăbiți, dacă motivul pentru care vreți să slăbiți nu este unul puternic, atât de puternic, încât să depășească plăcerea de a mânca.

Dacă nu găsiți ceva pentru care să merite să renunțați la binele primit din mâncare, cura de slăbire nu va reuși. Așa că lăsați falsele argumente (sănătate, dorința celor din jur, motive estetice) și priviți situația realist: aveți de ales între mâncare și obiectivul X, ceva ce trebuie să vă doriți la nebunie. Este ori una, ori alta. Nu puteți avea câte puțin din amândouă! Și nimeni nu poate găsi motivația/obiectivul în locul vostru. Voi trebuie să spuneți: „Vreau asta“!

Din păcate, cura de slăbire funcționează după legea „totul sau nimic“: ca să fie cu adevărat eficientă, trebuie să fie neplăcută, asta e dovada că ai schimbat ceva. Numai rezultatul rămâne plăcut, când vezi că efortul ți-a fost răsplătit! ☺

Mâncarea capătă altă valoare, când e pusă în vase speciale

Indiferent cât de bună este o mâncare sau o băutură, dacă nu e servită în vesela potrivită, își pierde din savoare, din calitate. Cum vă simțiți și cum apreciați un fel de mâncare la restaurant sau la o masă festivă și în ce fel se schimbă el, dacă este pus într-o caserolă de plastic?

Pe vremuri, existau farfurii, tacâmuri și pahare speciale pentru felurile de mâncare/băutură. Desertul avea și el farfuria potrivită, coniacul sau lichiorul nu putea fi servit din pahar de apă sau de vin. Minimalismul și comoditatea ne-au făcut să renunțăm la tabieturi și la etichetă. Mai nou, mâncăm din farfurii de unică folosință sau din cutie de polistiren/carton. Moda *home delivery* ne va duce, într-un final, să nu mai fie nevoie să murdărim vase.

Însă nu întotdeauna comoditatea este un avantaj, nu vine doar cu beneficii. Mâncarea trebuie să conțină nu numai nutrienți, dar și simboluri, ritualuri, emoții. Trebuie să fie un spectacol și o desfătare a tuturor simțurilor, o încântare și pentru corp, și pentru suflet. Așa încât nu trebuie precupețit nici un efort, pentru a face din masă un moment de sărbătoare, de grijă pentru noi. Chiar dacă asta presupune să murdărim toată vesela din dulap. ☺

Când nu mai funcționează nimic, încercați o cură de pește

Multe femei se confruntă cu lipsa de rezultate a curei de slăbire. Chiar dacă este proteică, dacă este disociată, după multe repetări, cura de slăbire nu mai are efect sau, mai bine zis, rezultatele ei sunt modeste. ☹

Sigur că organismul învață să consume din ce în ce mai puțin, sigur că și răbdarea noastră e din ce în ce mai încercată, dar intri în panică, văzând că acul cântarului nu coboară, deși tu chiar îți respecți dieta. Acolo unde ți-ai pierdut entuziasmul și nu mai știi ce să faci, eu îți sugerez o cură de pește. Adică, în loc de carne (la grătar sau în salată), mănâncă pește. De orice fel, o porție pe zi. Nu contează dacă e gras ori slab, dacă e sălbatic sau de acvacultură, dacă e proaspăt, congelat sau în conservă, important e să consumi pește. Cu salate și multe legume, chiar și în ciorbă, peștele poate funcționa acolo unde carnea nu mai dă rezultate. Grăsimea de pește are multe efecte benefice (de la îmbunătățirea metabolismului la reducerea inflamației și a retenției de lichide), iar proteinele sunt ușor de digerat. Nu există un argument concret în favoarea peștelui, însă din experiență am văzut că pot fi rezultate neașteptate, deci merită încercat. Și, dacă silueta nu este influențată vizibil, cu siguranță starea de sănătate va avea de câștigat. ☺

Consumați alimente tabu în public. Ca să n-o faceți lată!

Cel mai rău lucru apropo de relația nepotrivită sau nesănătoasă cu mâncarea este să mănânci pe ascuns. Foarte multe persoane se comportă onorabil și echilibrat, când e vorba să mănânce în public, însă răul se întâmplă când rămân singuri, fără martori la frenezia lor alimentară. De multe ori, stai și te întrebi cum de o persoană are kilograme în plus, când o vezi mâncând mereu numai salate... ☹ Important este, din păcate, ce facem atunci când nu ne cenzurăm în fața altora, cât și ce mâncăm, când nu ne vede nimeni.

Pentru siguranța voastră psiho-alimentară, vă sugerez să mâncați în public toate produsele pentru care aveți o slăbiciune specială. Adică, să faceți exact pe dos decât ați fi tentați: țineți-vă salata, iaurtul și carnea la grătar pentru consum casnic și faceți-vă de cap când aveți martori. E mai practic și mai înțelept să ții în casă alimente netentante și neispititoare, cu care nu riști să te îngrași, și să mănânci produsele „problemă“ de față cu alții. Simpla lor prezență vă va ajuta să vă opriți mai repede, la o cantitate mai mică, pe când, fără martori, ați fi mâncat toată punga/cutia. În plus, faptul că ne asumăm și ne recunoaștem slăbiciunile alimentare este primul pas pentru a reuși să le controlăm. A fi autentic și a-ți accepta momentele de derapaj alimentar stimulează la ceilalți empatia, compasiunea, umanitatea. Vei vedea nu numai că nu ești singur, dar și că sentimentul tău de vină e nejustificat, e normal să avem slăbiciuni, toți oamenii au! ☺

Ia-ți aliați în lupta cu mâncarea, de unul singur este mult mai greu. Cere ajutorul și acceptă prezența celorlalți, este benefică!

Vişinele, o variantă dietetică a cireşelor

Cu toţii ştim ce prăjituri, tarte, compoturi, gemuri şi dulceţuri delicioase se fac din vişine. Dar puţini le mâncăm că atare, proaspete, pe motiv că sunt acre.

Acru înseamnă mai multă vitamina C şi, dacă punem la socoteală că au cu 15-20% mai puţine calorii decât cireşele (50 cal/100 g), poate le reconsiderăm gustul. Ca să nu mai vorbesc de varianta altoită, mare, zemoasă, vişinie şi dulce. ☺

Bogate în pectine, în fibre solubile cu efect de scădere a colesterolului din sânge, vişinele reduc riscul de boli cardio-vasculare. Antocianaţii din compoziţia lor sunt nu numai pigmenţi responsabili de culoare, dar scad reacţiile oxidative din organism, protejează de boli şi îmbătrânire şi atenuează crizele de gută. Betacarotenul este un alt pigment benefic din vişine, el funcţionează ca precursor vegetal pentru sinteza de vitamina A în organism, vitamină care protejează frumuseţea pielii şi eficienţa vederii.

Nu uitaţi că din vişine se fac şi sosuri pentru carne, vişinată, dar şi savuroasa îngheţată *amarena*. Puse la congelator, vişinele îşi păstrează calităţile nutritive, astfel încât să ne bucurăm de ele şi la iarnă. Dar, până atunci, faceţi din vişine un desert răcoritor şi tonic, pentru zilele calde de vară.

De ce ni se pare că numai noi avem slăbiciuni, când tuturor le e greu, de fapt?

Deunăzi, o pacientă îmi recunoștea cu tristețe: „Eu mănânc din cauza emoțiilor negative". O spunea resemnată, ca și cum ar fi fost vorba de un ghinion, de un blestem care căzuse din senin pe capul ei, de care nimeni nu auzise și pe care nimeni nu-l cunoștea. Poate ne-ar fi mai ușor, dac-am înțelege că toți mâncăm atunci când nu ne e bine — este un mecanism instinctiv, prin care organismul știe că-și restabilește echilibrul chimic. Adică, e ceva normal!

Dac-am porni de la acest fapt și ne-am repoziționa din postura de victimă în cea de stăpân al propriei noastre vieți, discursul ar trebui să fie cam așa: „Mă simt obosit/trist/frustrat/supărat/singur/nemulțumit/plictisit. Mintea mea îmi cere mâncare, ca să se liniștească. Ce și cât aleg să mănânc, ca să-mi fie bine?" Sau, și mai înțelept: „Știu că nu mi-e foame, am avut o zi grea/proastă. Deși primul gând îmi stă la mâncare, aș putea găsi vreo altă metodă, nealimentară, prin care să mă relaxez, care să-mi facă bine?"

Tuturor ne vine greu și pentru toți mâncarea funcționează ca un anestezic al emoțiilor negative. Însă nu putem da vina pe ea, dacă ne îngrășăm. Fiecare, pe propria răspundere, trebuie să-și asume cât de des, cu ce fel și mai ales cu ce cantitate de mâncare își neutralizează stările neplăcute. Da, probabil e mai comod să te complaci în postura neputinciosului care este dominat de mâncare. Eu vă spun că ne mințim, nu alimentele ne controlează, ci noi le folosim din belșug, ca să uităm de tot. Alegeți să vă recunoașteți limitele, slăbiciunile, neputințele — în felul ăsta, nu va mai fi nevoie să le acoperiți sub mâncare. Și aveți curajul să recunoașteți că vă e greu, nimeni nu vă va condamna. Pentru că tuturor ne este!

Bucureștiul – un oraș cufundat în ceai de tei

Nu știu dacă toate orașele au teii lor, dar ce noroc, ce privilegiu că Bucureștiul îi are! Ce risipă de aromă, ce irosire de polen, ce preaplin amețitor și tulburător pentru simțuri... Cu câtă generozitate și chiar opulență natura mai dă un spectacol, de parcă nu abia ne-am dezmeticit din parfumul florilor de salcâm și de soc! ☺

Teiul e sedativ și liniștitor, știm din copilărie, dar mă întreb dacă nu cumva și plimbarea pe sub teii înfloriți are puterea să alunge anxietatea, temerile, grijile. De dragul serilor ăstora calde și dulci, poate ar trebui să uităm câteva minute de gânduri, să-i dăm o pauză minții și să ne bucurăm simplu, din toată inima, c-au înflorit teii!

Mai există oameni care nu știu ce este aceea cură de slăbire!

Ce bucurie și ce satisfacție pentru mine să întâlnesc persoane care nu au ținut niciodată dietă, a căror alimentație nu a fost niciodată controlată de cap, ci de corp, care au trăit în armonie cu propriile nevoi. E un fel de *rara avis*, o minune care să-ți amintească de normalitate, să-ți reconfirme că nu nutriționiștii, ci instinctele noastre și grija pentru propria persoană sunt cele ce ne dictează alegerile în privința mâncare.

Dacă ajung să cunosc astfel de oameni, motivul este că anormalitatea în care trăim îi determină să-mi ceară sfatul. Pentru că, fiind bombardați de informații incomplete sau scoase din context, ajung să pună la îndoială lucruri pe care le-au mâncat o viață, obiceiuri cu care au crescut și care sunt parte a identității lor. Apărați-vă, oameni buni, nu mai lăsați pe nimeni să vă spună ce aveți voie să puneți în farfurie, nu permiteți nici unui specialist auto-proclamat deținător al adevărului alimentar să decidă ce vă face bine și ce nu. Protejați-vă de efectele subversive și insidioase ale știrilor care circulă pe Internet, nu lăsați să vă fie luate peste noapte reperele pe care corpul vostru le are în legătură cu mâncarea. Rămâneți mai degrabă profani și novici, când cunoașterea se arată a fi toxică și manipulatoare. Păstrați-vă bunul-simț, pentru că nu trebuie să mergeți la nutriționist, ca să știți ce să mâncați, atâta timp cât silueta și sănătatea vă sunt mulțumitoare. Și aveți încredere, când ceva nu-i face bine, corpul vostru găsește o metodă să vă atragă atenția. Așa că singura voastră grijă este să vă întrebați în fiecare zi: „Eu cum mă simt?"

Negocierea cu noi înșine

Știm cu toții: dacă vrei să-i iei o jucărie unui copil, cel mai simplu este să-i dai alta în schimb. Și pe un cățeluș, dacă vrei să-l faci să lase ceva din bot (de exemplu, un pantof pe care tocmai ți l-a ros ☺), trebuie să-l tentezi cu altceva. Toate bune și frumoase, până la mâncare. Noi cu noi și cu mâncarea noastră, pe care n-o lăsăm pentru nimic în lume (cei care au beleaua asta — nu vreau să generalizez)!...

Creierul nostru știe că mâncare = stare de bine, așa încât apelează la ea instinctiv, ca să-și găsească liniștea, echilibrul. Problema este că mâncarea vine cu calorii la pachet, deci prea multă căutare de bine îngrașă. Soluția ar fi să știm, fiecare pentru el însuși, ce alt bine (necaloric și nealimentar) ar fi pe placul creierului/sufletului nostru. După modelul că, dacă altceva îi place, poate mai uită de mâncare. Și aici vă cer vouă sugestii, ajutor, idei, experiențe... Pentru voi, de unde altundeva decât de la mâncare vine binele?

Poate că, împărtășindu-ne experiențele, ne ajutăm unii pe alții să ne lărgim paleta de culori, emoții, trăiri ale vieții. Și poate descoperim „jucării“ noi, mai interesante și mai satisfăcătoare decât mâncarea. Nu știu dacă ilegale sau imorale, dar măcar să nu îngrașe!

Consumați zilnic doi litri de lichide?!

Deși se spune că trebuie să bem zilnic minimum doi litri de lichide, asta nu înseamnă că trebuie să ne forțăm să bem apă. Bineînțeles că e bine să fii hidratat, să bei suficientă apă. De aici, însă, până la a te forța zilnic să înghiți doi litri de apă ca atare, chiar dacă nu simți nevoia, e un lucru greșit înțeles. Sunt persoane cărora nu le e niciodată sete, care nu transpiră, al căror metabolism e „zgârcit“ cu pierderea de lichide. Dacă o astfel de persoană se obligă să bea doi litri de apă zilnic, se simte umflată, infiltrată, iar rinichii fac eforturi să elimine un exces de lichide, pe care organismul nu l-a solicitat.

Pe de altă parte, toate alimentele (afară de ulei) conțin apă în proporții diferite, fructele și legumele fiind fruntașe. Așa că, dacă mănânci ciorbă, bei lapte sau iaurt, consumi fructe, legume, cafea, ceai, înghețată, vei avea suficiente surse de lichide în dietă. Mai adăugați la asta două-trei pahare de apă, măcar câte unul la fiecare masă, și ați făcut suma.

Recomandarea cu cei doi litri de lichide include și alimentele consumate în acea zi, deci nu vă învinovățiți dacă nu beți multă apă, ca atare. Ce-i prea mult strică, fie și atunci când e vorba de apă.

Dacă vă propuneți să slăbiți, nu uitați să „numărați“ și fructele din dietă

S-a deschis sezonul fructelor, natura ne va răsfăța cu toate culorile și aromele dulci ale fructelor până la toamnă. Nimic mai sănătos ca desert, pentru că fructele nu pot fi considerate un aliment de bază, ci sunt, mai degrabă, un „extra“, pe lângă mâncare. Și, când este vorba de slăbit, acest „extra“ nu trebuie trecut ușor cu vederea. ☺

Fructele au, în medie, 400 cal/kg (ca să nu spun de cireșe — cu 600, sau de struguri — cu 800), sunt parfumate, bogate în apă, fibre și fructoză (o formă lentă de zahăr), de unde provin și caloriile. Nu e greu să mănânci 1 kilogram de fructe într-o zi, sunt ușor de ciugulit, ca o gustare, dacă le ai la îndemână. Problema este că nu dau sațietate mare, nici mustrări de conștiință, cum fac dulciurile, deci e puțin probabil să zici: „Vai de mine, câte fructe am mâncat!“ Această percepție falsă că fructele pot fi mâncate la liber, fără să ne afecteze silueta, este motivul pentru care multe femei nu slăbesc. Acolo unde dieta este respectată cu strictețe, unde cantitatea de mâncare este redusă, iar dulciurile eliminate aproape complet, consumul de fructe poate împiedica slăbitul.

Nu spun că fructele îngrașă mai tare decât alte alimente, spun că noi nu le punem la socoteală ca pe restul mâncării. Or, 400 de calorii reprezintă o masă principală, înseamnă aproape jumătate din rația unei femei aflate la cură de slăbire. Așa că vă invit să luați în considerare fructele și din punctul de vedere al aportului de energie, pentru că și fructoza, deși se absoarbe mai lent, are tot 4 cal/g, ca și zahărul. Și fie mâncați fructe în loc de o masă, fie diminuați cantitatea de mâncare, cât să încapă și ele în bugetul redus al dietei. Pentru că fructele, deși bogate în apă, sunt departe de a avea 0 calorii. ☺

Apa băută în timpul mesei diluează sucurile digestive – un mit absurd și fals!

Nu știu cum anumite idei și explicații au ajuns să fie înrădăcinate adânc și definitiv în conștiința oamenilor, fără să fie demonstrate sau argumentate. Sunt luate de bune și spuse din gură în gură, până devin adevăruri universale. Iar, dacă te întrebi cine a zis, toată lumea ridică din umeri și spune: „Așa am auzit". ☺

Din această categorie de mituri absurde face parte și avertizarea potrivit căreia este o greșeală a bea apă în timpul mesei, pentru că împiedică digestia corectă, diluând sucurile digestive. Nimic mai neadevărat — sucurile digestive sunt secretate în funcție de tipul de alimente consumate, de câte grăsimi, proteine sau glucide sunt prezente în intestin și trebuie descompuse, pentru a fi absorbite în sânge. Apa nu are legătură cu sucurile digestive și, dacă bei apă în timpul mesei, nu faci decât să umpli mai tare stomacul, să te saturi mai repede.

Cantitatea de apă din alimente sau din stomac nu influențează concentrația sucurilor digestive. Să luăm pâinea, de exemplu: indiferent dacă e proaspătă, prăjită sau făcută pesmet, ea va necesita aceleași enzime pentru digestie. Așa că organismul nu face diferența dacă mâncăm pâine proaspătă sau pâine prăjită, peste care bem apă. E ca și cum ai spune că friptura cu orez se digeră corect, dar e o problemă să mâncăm ciorba de perișoare, unde carnea și orezul sunt puse în multă apă. Sau să luăm, de exemplu, fructele: dacă mâncăm prune uscate și bem un pahar de apă, ar însemna ca organismul să nu le mai poată digera? Deci, el nu știe să funcționeze decât dacă pruna e proaspătă?

Argumentele sunt stupide, pe măsura absurdului din enunț! Nu există sucuri digestive mai concentrate sau mai diluate, ele știu să acționeze indiferent de cantitatea de lichid din tubul digestiv. Dacă mâncăm un biscuit sau un iaurt, corpul nostru secretă automat substanțele necesare digestiei. Apa este singurul element care nu trebuie digerat, deci secreția de sucuri digestive nu depinde de apă. Și, culmea, cu cât stomacul e mai plin de apă, cu atât rămâne mai puțin loc pentru produse bogate în grăsimi, zahăr și calorii. ☺ Așa că, dacă țineți la silueta voastră, beți apă în timpul mesei: veți mânca mai puțin, vă veți sătura mai repede.

Diferența dintre un biscuit și un covrig

Faptul că există din ce în ce mai multe sortimente de biscuiți care se auto-declară bogați în fibre și tărâțe a dus la o confuzie gravă: biscuiții nu sunt o pâine uscată, nu sunt un făinos pur, ci sunt un produs de patiserie deshidratat, adică un amestec de făină cu multă grăsime și un pic de zahăr!

Văd tot mai des persoane care aleg la micul-dejun sau la gustare biscuiți cu lapte sau iaurt ca variantă de înlocuire a pâinii sau a cerealelor. Atenție, citiți de curiozitate eticheta biscuiților și veți vedea un conținut de grăsime de 10-20%, acolo unde pâinea, știm cu toții, trebuie să conțină doar făină și apă, fără grăsime! Nici cerealele de mic-dejun nu au grăsime, și sunt și expandate (umflate, ușoare), așa că sunt o alegere mai sigură pentru siluetă față de biscuiți. Fugim de zahăr, care are 4 cal/g, și ne trezim că mâncăm grăsime, care are 9 cal/g. ☹

Mai e și problema volumului: biscuiții sunt mici și denși, au peste 100 cal/bucată și, din păcate, rar mâncăm doar unul. Prin comparație, o felie mare de pâine are 80 cal, iar doi pumni de fulgi de porumb, 100 cal. Tot 100 cal are un pachet mic cu 4 *crackers*, acei biscuiți subțirei și crocanți făcuți în mod real din aluat de pâine.

Fiți vigilenți și nu cădeți în plasa sloganelor publicitare, nu contează 2 g de fibre în plus într-un biscuit, dacă vine la pachet cu 15 g de grăsime. Covrigii, fie că sunt de Buzău, Brașov sau Sibiu, sunt din aluat de pâine. La fel pesmeții (felii de pâine gata prăjite, crocante) și biscuiții tip *crackers*. În rest, sticksurile, covrigeii, bruschetele și biscuiții de mic-dejun, toate conțin grăsime. Multă!

Atunci când alergarea doare...

Mișcarea e ceva ce ne face bine, este un firesc al corpului nostru, un lucru natural. Însă fiecare trebuie să-și găsească, să-și aleagă o formă de mișcare potrivită pentru el sau ea, care să-l sau s-o bucure. Să luăm, de exemplu, alergarea: e ceva ce poți practica pe bandă sau afară, în parc. Ei bine, nu toți trebuie să alergăm, dacă vrem să facem mișcare, și mersul este la fel de sănătos, de benefic pentru organism.

Dacă nu-ți place să alergi, dacă ți se pare greu, chinuitor, obositor, e păcat să te forțezi. Nu putem avea rezultate și nu trebuie continuat să facem o activitate (fie ea și sportivă), dacă este împotriva firii noastre. Alegerile pe care le facem în viață trebuie să fie în armonie cu propriul nostru eu, să presupună cât mai puțin efort și cât mai mult instinct, naturalețe. Să facă parte din noi, nu să fie impuse de rațiune și voință. Să ne aducă zâmbetul pe buze, nu să ne încrețească fruntea.

Important pentru sănătatea noastră este să facem 10.000 de pași pe zi. Dacă unii pot să-i facă fugind, iar alții preferă să meargă, rezultatul este același și e lăudabil. E drept, unora le va lua ceva mai mult timp, dar nu trebuie să fim toți la fel. Și secretul este să ne placă, pentru că atunci o vom face în fiecare zi, iar și iar, fără să obosim. ☺

Dacă vreți să ronțăiți, alegeți semințele cu tot cu coajă

Fructele oleaginoase (alune, nuci, fistic, migdale, caju) sunt concentrate de nutrienți, dar și de calorii. Pline de proteine, acizi grași nesaturați și minerale, ele pot reprezenta o gustare sănătoasă, un produs de ronțăit care să aibă și autentice valențe hrănitoare.

Singura grijă trebuie să fie cantitatea: un pumn este suficient!

Tot ce înseamnă semințe, nuci și alune satisface și alt mecanism afară de hrănirea propriu-zisă, și anume nevoia de a ronțăi. Nu numai substanțele nutritive le căutăm în alune și migdale, ci și calmarea, eliminarea stresului, satisfacerea oralității (simți nevoia să ai gura sau mâinile ocupate). Dacă te apuci să ciugulești fistic sau migdale și te oprești când se termină punga, nici nu-ți dai seama când ai înghițit 500 de calorii. Exact, atât au în medie fructele oleaginoase. ☹

Există două strategii de protecție: fie cumpărați pungi mici, individuale (conțin 25-30 g), ca să vă limitați la un pumn, fie vă îngreunați „munca" foarte mult. Adică să cumpărați toți acești sâmburi, fie că e vorba de alune, semințe sau fistic, în propria lor coajă. Și chinuiți-vă să le scoateți miezul micuț din învelișul său lemnos. Nu doar c-o să vă ia mult timp (ceea ce înseamnă că încetinește mâncatul), dar, la final, nici cantitatea nu va fi mare, pentru că mai mult decojiți decât mâncați. Ca să nu mai punem la socoteală și că un astfel de efort te face să te lași repede păgubaș. ☺

În concluzie, dacă vreți ronțăială, nu faceți greșeala să luați fructele oleaginoase și semințele decojite. Alegeți variantele cu coajă, în ambalajul cel mai mic, ocupați-vă mâinile și gura cu desfăcutul și curățatul lor, important nu este să mâncați, ci să vă calmați. ☺

Toți nou-născuții au colici...

Și e normal! Ne naștem cu tubul digestiv steril, nepopulat de bacterii, de aceea în primele săptămâni de viață, până când flora microbiană din intestin se formează și se echilibrează, apar colicile.

Chiar dacă diferă de la copil la copil ca manifestări și durată, prezența colicilor face parte din normalitate, nu trebuie să vă îngrijoreze. Nu puteți evita acest fenomen firesc și nici nu e din vina voastră, ca mame, că el se întâmplă. E greșit și absurd să crezi că un copil are colici pentru că tu ai mâncat ceva ce nu trebuia și, prin intermediul laptelui, acel ceva ți-a afectat bebelușul. La fel de absurd e să dai vina pe ce ai mâncat tu, dacă copilul este balonat, constipat sau are diaree.

Responsabilitatea unei mame e mare, dar totul are o limită. Femeile care alăptează pot și trebuie să mănânce lactate, fructe și tot ce le pică bine. Există unele alimente (ceapă, usturoi), într-adevăr, care pot să modifice gustul laptelui și, dacă bebelușului nu-i place, se va manifesta. Dar e vorba de gust, nu de calitățile nutritive! Corpul unei femei care alăptează nu produce un lapte mai bun sau mai puțin bun în funcție de ce mănâncă. Din fericire, natura a avut grijă să nu lase la opțiunea noastră calitatea laptelui pentru sugari. Tot laptele de mamă e bun, nimic nu-l egalează!

Așa încât, dragi proaspete mămici, relaxați-vă, nu există o alimentație științifică și sofisticată, care să vă scape copilul de colici. Și puteți mânca orice vă place și vă pică bine — nu de asta depinde alăptatul bebelușului. Încercați să aveți o dietă echilibrată și moderată cantitativ, care să conțină produse sănătoase, proaspete și de sezon. Pentru că da, de starea voastră de bine depinde și binele celui mic. ☺

Cât de ușor e să fii mamă?

Toată lumea din jurul meu are copii. Toate femeile pe care le cunosc încearcă din răsputeri să fie niște mame cât mai bune. Fiecare, în felul ei, se străduiește să le ofere copiilor tot ce e mai bun, tot ce ele nu au avut ori nu au reușit să facă, în viața lor personală. Pentru o mamă, copilul e prioritatea, ocupă primul loc în preocupările ei, grija pentru el depășește atenția și grija pentru propria persoană.

Admir demnitatea, tenacitatea, seriozitatea cu care femeile își îndeplinesc rolul de mame. Dar le întreabă vreodată cineva cât le este de greu? Mai au ele timp să se întrebe dacă mai pot? Acolo unde toate consideră că e normal să facă și să poată, eu, care nu am copii, vreau să le spun felicitări! Bravo, sunteți extraordinare! Nu e ușor ce faceți! Aveți tot dreptul să fiți obosite, exasperate, epuizate... din când în când! ☺

Stoicismul cu care femeile din România își poartă pe umeri greutățile și responsabilitățile statutului de mamă și soție este admirabil. Însă eu cred că trebuie să le spună cineva că au voie să se plângă, atunci când le e greu, că trebuie să-și recunoască din când în când că sunt obosite, că au nevoie de o pauză, de un răgaz, de timp și grijă pentru ele.

Realizarea unei femei ca mamă e diferită de realizarea ei ca femeie. Copiii sunt capabili să vă ocupe toată viața, dar voi însemnați mai mult decât atât. Așa că, dacă nimeni nu vă întreabă, vă întreb eu, ca pe niște copii: „E greu, mai puteți, aveți nevoie de ceva?"

Ce-mi dai, dacă slăbesc?

Cam așa se întreabă mintea voastră, când se pune problema curei de slăbire! La mijloc nu e o problemă de voință, ci de pură negociere a unei plăceri/bucurii/stări de bine sau de liniște contra... nu știu, completați voi punctele de suspensie. ☺

De ce spun că nu voința e baza? Pentru că sigur ați trecut prin momente în care v-ați setat în cap să nu mai mâncați cutare sau cutare lucru și, chiar dacă îl aveați în față, nu vă atingeați de el. Sigur ați simțit cum e să nu te mai intereseze mâncarea, atunci când ai hotărât să ții post sau să elimini dulciurile. Când hotărârea este fermă și capul nostru spune stop, chiar ne oprim. Nu mai există atracție, ispită, luptă, abținere. Nici de voință nu mai e nevoie, pentru că tu nici nu te împotrivești, nici nu ai nevoie să fii convins, argumentele sunt de prisos. E nu, și gata!

De ce putem respecta unele cure de slăbire și altele nu ne ies? Nu cura e de vină, ci motivația, cât de convins este capul nostru că merită efortul, sau, mai bine zis, ce primește în schimb, dacă renunță la plăcerea de a mânca. Dacă „recompensa“ este pe măsură, dieta va reuși. Dacă motivele sunt generaliste, idealiste sau aspiraționale (gen: să fiu mai sănătos, să-mi recapăt încrederea în mine), nu va ține. ☹

Mintea noastră are nevoie de ceva concret, punctual, atrăgător. Descoperiți ceva ce vă doriți enorm (bun material, întâmplare, experiență, conjunctură) și legați de ea slăbitul, condiționați-vă cu ea mintea, pe sistemul: „Uite ce primești, dacă te oprești din mâncat!“ Oferiți-i o jucărie irezistibilă, ca să-i puteți distrage atenția de la jucăria pe care o are acum, adică mâncarea. Nu este înțelept să i-o smulgeți cu forța — va protesta, va țipa, va ieși scandal. Fiți șmecheri și dați-i una nouă, și, dacă este cu adevărat interesantă, va renunța singură la jucăria veche. Mâncarea se uită, trece pe locul doi, atunci când mintea noastră descoperă o nouă plăcere, un nou interes. Găsiți-i-l!

Cine a zis că viața trebuie umplută?

Creștem și suntem educați având ca obiectiv central verbul „a face“. De mic ești întrebat ce vrei să te faci când vei fi mare, iar părinții și profesorii te laudă/te ceartă când faci/nu faci un anumit lucru; inclusiv tu, ca persoană, ajungi să te învinovățești sau să te desconsideri, când stai — adică nu faci nimic. ☹

Timpul se măsoară prin prisma lui „a face", așadar bilanțul unei zile ia în calcul faptele, acțiunile. Societatea este și ea guvernată tot de „a face", chiar există vorba: Nu sta, că-ți stă norocul! Ca urmare a acestui îndemn de a fi mereu ocupați, în curs de a face ceva, momentele de gol, cele în care nu se întâmplă nimic, devin insuportabile.

Acolo unde acțiunea înseamnă normalitate, statul devine bizar, patologic, îngrijorător. Nu poți să stai fără să faci nimic, nimeni nu acceptă și nu înțelege această stare.

Este ca și cum cineva ne-ar fi spus că viața trebuie umplută, că secretul împlinirii de sine e să fii mereu prins cu ceva, să fii ocupat. Și, în momentul în care apare un răgaz, o perioadă de inactivitate, o epuizare, numim asta vid, gol interior. Și-l umplem cu mâncare, că doar ceva trebuie să facem! Ne e frică să stăm fără rost, am avea timp să ne vedem și, cum nu prea știm ce e cu noi, cine suntem și ce vrem, preferăm să fim foarte ocupați.

Incapacitatea de a fi mulțumit de ceea ce ești și nevoia de a te defini prin ceea ce faci e de multe ori trădată prin mâncare. Dacă ți se întâmplă să mănânci necontrolat, atunci când ești singur și nu ai nimic de făcut, înseamnă că nu ți-e bine în pielea ta. Nu există gol sau vid nici în viață, nici în suflet, e doar un efort continuu de a fugi de tine. Ce-i așa greu de suportat /acceptat/recunoscut? Încercați, din când în când, să fiți doar, altfel „a face" o să vă confiște toată viața. ☹

Totul până la copii

E la modă să fii vegetarian, să elimini produsele cu gluten, să bei sucuri detox, să mănânci totul crud și câte și mai câte. Motivațiile sunt și ele nenumărate, nu c-ar interesa pe cineva sau c-ar trebui să-ți justifici alegerile alimentare. Suntem liberi să mâncăm cum ne place, mai ales că e pe proprie răspundere.

Puține sunt lucrurile din viață 100% dependente de noi, iar mâncarea este unul dintre ele. Relația cu mâncarea e ceva atât de intim, atât de personal, încât ar trebui să fim mai atenți și mai selectivi cu mesajele sau persoanele care vor să ne influențeze. Însă, chiar și atunci, nimeni nu-ți bagă mâncare cu forța în gură, tot tu faci asta, alegerea este a ta, decizia îți aparține.

Nu același lucru se întâmplă cu copiii, ei nu sunt în măsură să decidă sau să se împotrivească, responsabili pentru alimentația lor sunt părinții. Și, pentru că în ultima vreme aceste curente alimentare extremiste încep să fie implementate la copii, vreau să fac un apel la bunul-simț al mamelor: nu le restricționați dieta, nu le limitați alegerile alimentare, nu-i transformați în vegetarieni sau în raw-vegani, atâta vreme, cât ei nu au posibilitatea să aleagă, nu-i îndoctrinați, nu-i manipulați, nu le luați dreptul de a-și dezvolta propriile gusturi, pasiuni, plăceri.

Nu le legați aripile, înainte să învețe să zboare, este crud și nedrept. Nu-i sacrificați pe altarul unor valori false sau iluzorii, nu-i dați ofrandă unor guru și specialiști auto-proclamați, care nu au decât interesul să-și hrănească narcisismul, vanitatea sau să-și umple buzunarele din credulitatea voastră. Faceți alegerile cu mintea voastră și gândiți-vă de două ori, când e vorba de copii! Dragostea și grija voastră trebuie să fie bazate pe echilibru, moderație, normalitate, firesc, bun-simț și, mai ales, respect. Respect pentru copilul căruia i-ați dat viață și care are dreptul la propria identitate, inclusiv identitatea alimentară. Lăsați-l să fie cine este, nu cine vă doriți voi să fie!

De ce ne simțim vinovați că mâncăm?

Peste tot pe unde merg, oamenii se simt vinovați că mănâncă în prezența mea, se justifică, mai în glumă, mai în serios, acolo unde mie nici nu-mi trece prin cap să mă uit în farfuria lor, darmite să spun ceva. Nu numai că nu-i judec și nu comentez, dar aproape c-am dezvoltat o reacție inversă — mănânc de față cu alții mai „nesănătos“ ca ei, din dorința de a-i face să se relaxeze, să vadă că și eu fac aceleași lucruri, sunt și eu tot om. ☺ Perfecționismul alimentar e departe de a fi punctul meu forte, și la capitolul ăsta recunosc că m-am preocupat să aflu și să învăț, în primul rând dintr-o curiozitate și nevoie personală. Dacă mă întreabă cineva sau îmi cere părerea, îi răspund cu drag. De băgat în viața omului, însă, n-am făcut și nici n-am de gând. Cât despre punerea în practică a teoriei, mai am încă de lucrat..., la voi, sper să fie mai ușor. ☺

Carpaccio – mâncare cu nume de pictor

Vara este sezonul salatelor și al preparatelor crude, negătite, așa că nu poate fi un moment mai bun pentru un aperitiv cu rezonanță italiană.

În Veneția anilor '50, proprietarul unui restaurant inventează un fel de a servi carnea crudă de vită, altul decât biftecul tartar: tăiată în felii extrem de subțiri, pusă pe un pat de salată verde (rucola, în general), stropită cu ulei de măsline și oțet balsamic și presărată cu fulgi de parmezan. Ușor, rapid și extrem de sănătos, *carpaccio* devine un clasic al restaurantelor din întreaga lume.

Culoarea roșu intens a cărnii crude îi determină și numele, după Vittore Carpaccio, un pictor faimos al Renașterii, pentru tonurile de roșu și grena din pânzele sale. Și, dacă inițial *carpaccio* însemna un preparat cu carne și salată, azi ingredientele s-au diversificat: carpaccio de pește, de legume, de fructe.

Principiul rămâne același, însă: felii subțiri de ton, somon, pește-spadă, doradă sau orice pește proaspăt; felii subțiri de sfeclă, țelină, fenicul, gulie, morcov etc.; felii din orice fel de fructe. Plus ulei, oțet și parmezan la cele sărate și sirop caramel, reducție de fructe la cele dulci. Rezultatul: o farfurie plină de culoare și abundând de nutrienți, dietetică, echilibrată și servită ca aperitiv sau fel unic la masă. Ce bine că, în Italia anilor '50, un medic i-a recomandat carnea crudă unei paciente anemice, că un bucătar a găsit soluția practică și c-a fost denumită după un pictor: carpaccio, o capodoperă culinară! ☺

Brânza proaspătă – un alt fel de brânză

Există percepții diferite despre noțiunea de brânză proaspătă și s-ar putea ca silueta noastră să fie pusă în pericol, dacă nu le clarificăm.

Brânza proaspătă este ceea ce numeam înainte „brânză de vaci", deci produsul rezultat din coagularea directă a laptelui. Mamele cu copii sugari încă mai fac în casă astfel de brânză și știu ce înseamnă. Produsul rezultat își are grăsimea direct din lapte, nu este concentrat și e dietetic. Dintr-un litru de lapte, ies mai puțin de 200 g brânză proaspătă.

Mai nou, această brânză nu mai este granuloasă, ci se omogenizează, devenind cremoasă, ca o pastă. Asta nu înseamnă că e mai grasă, tot sub 5% este conținutul de grăsime.

Indiferent dacă e de vacă, de capră sau de oaie, brânza proaspătă face parte din categoria produselor lactate slabe, alături de laptele dulce sau bătut și iaurt. Indiferent dacă e sub formă de pastă sau de perle de brânză, produsul este dietetic și conține de la 60 cal (cele 0%) până la 120 cal/100 g.

Nu același lucru se poate spune despre caș sau *mozzarella*, variante considerate brânză proaspătă. Ei bine, chiar dacă nu au sare, acestea sunt brânzeturi autentice, cu minimum 25% grăsime în compoziție și minimum 250 cal/100 g. Deci, atenție, nu mâncați relaxați brânză cu roșii, vă puteți îngrășa. Mai sigură pentru siluetă e brânza proaspătă, dar nu prea merge cu roșii. ☹ Încercați cu bucățele de ardei gras și castravete, un ou fiert și o felie de pâine prăjită – sățios, gustos și „nepericulos“.

Limonada merită reinventată

Ideea de a bea apă cu suc de lămâie mi se pare nu numai răcoritoare, dar și deosebită la gust — apa fiind prin definiție incoloră, inodoră, insipidă... ☺ Dacă limonada vine de la lămâie, oare e musai să ne limităm la un singur fruct, când vara există o asemenea varietate de culoare și gust?

Am băut în grădina Cărturești un fel de limonadă în care erau zdrobite fructe de sezon (căpșuni, vișine, zmeură etc.), peste care se poate pune zeamă de lămâie sau de portocală, mentă sau alte frunze parfumate și gheață. Zahărul nici nu e necesar — aroma lichidului e mai interesantă și mai subtilă, dacă nu e dulce.

Super-idee, ce poate fi mai sănătos și mai răcoritor într-o zi de vară, decât fructe proaspete și acrișoare într-o băutură ce reinventează limonada? Și culmea este că și arată mai vesel, mai colorat. Așa că vă invit și pe voi să vă folosiți imaginația și să vă îmbogățiți apa cu fructe: zmeur-adă, capșun-adă, vișin-adă, portoc-adă... Limon-ada e deja mult prea clasică! ☺

Mămăliga – o alternativă la pâine

Pentru că tot este la modă alimentația fără gluten, vă sugerez mămăliga în loc de pâine. Ca și făina, mălaiul face parte din categoria glucidelor lente, conține amidon care se absoarbe treptat în sânge și ne ține de foame trei-patru ore. Spre deosebire de pâinea proaspătă, care e făcută cu drojdie și fermentează, mămăliga nu balonează. În plus, nu conține gluten, acea proteină din cereale, care e tolerată mai greu de unele persoane.

În boabele de porumb există mulți carotenoizi (de unde și culoarea galbenă), pigmenți din care este sintetizată vitamina A. Prin urmare, mămăliga face bine la piele și la vedere, iar conținutul mare de fibre o recomandă pentru problemele de tranzit intestinal.

În ceea ce privește caloriile, o felie de mămăligă echivalează cu o felie de pâine, adică 70-80 cal. Deși 100 g mămăligă au 70 cal, iar 100 g pâine au 230 cal, nu faceți greșeala să credeți că mămăliga nu îngrașă. O felie de mămăligă e grea (are 100 g), în timp ce felia de pâine e ușoară (25 g), ceea ce face ca în final să fie echivalente. Dacă vorbim de mămăliga fierbinte, socotiți că trei linguri corespund unei felii.

Concluzia e că mămăliga reprezintă o alternativă sănătoasă la pâine și ne scapă de balonări. Dar de îngrășat, îngrașă la fel.

Tot ce e rece pare răcoritor

Căldura inhibă centrul foamei, dar de băut e bine să bem mult într-o zi caniculară. Percepția despre lichide este că ele hidratează, indiferent de gust, de conținutul de zahăr sau alcool. Și, dacă mai sunt și reci, cu atât mai bine, că ne și răcoresc! ☺

Ce nu știm este că recele schimbă gustul, sau, mai bine zis, când un aliment sau o băutură e rece, nu-i mai putem evalua calitățile. Receptorii pentru gust sunt „anesteziați“ de temperatura scăzută, așa că ne vine greu să spunem cât de dulce, amar, acru ori sărat este un produs rece.

Acest detaliu importă mai ales în cazul băuturilor răcoritoare: dacă sunt reci sau cu gheață, nu ne dăm seama cât zahăr conțin! Vă recomand să vă preparați singuri limonadele și să citiți etichetele sucurilor pe care le consumați: chiar dacă nu par, pot fi foarte dulci. Și, dacă o băutură făcută de voi are maximum două lingurițe de zahăr, cele din comerț au câte două lingurițe la 100 ml, adică șase lingurițe la pahar. Iar mai nou, pe terase și în restaurante, se folosește direct sirop de zahăr, deci cantitatea de zahăr e și mai greu de identificat.

Concluzia e că nu tot ce e rece e și răcoritor, dacă te „arde“ ca număr de calorii. Preluați voi controlul, acolo unde receptorii pentru gustul dulce sunt temporar ineficienți. ☺

Nu oricine poate/trebuie să fie vegetarian

A elimina carnea din alimentație, iată o decizie care poate face mai mult rău decât bine. Înțelept și sănătos este să mănânci mai puțină carne, mai rar, nu să devii peste noapte vegetarian.

Există persoane care au o preferință pentru carne, așa cum alții preferă brânza și lactatele sau legumele.

Suntem cu toții diferiți, de aceea trebuie să adoptăm stilul alimentar care ni se potrivește, cu care corpul nostru se simte bine, care ne priește.

Dacă elimini produsele animale și vezi că ești mereu balonat, că te îngrași, deși nu mănânci mult, că ai brusc poftă pentru dulciuri, deși până atunci nu te atrăgeau, că nu te mai saturi și nici plăcere nu mai ai când mănânci, înseamnă că a fi vegetarian nu este pentru tine.

Nimeni nu trebuie să devină vegetarian, pentru că este la modă sau mai sănătos, ci pentru că așa simte. Una este să nu mai vrea corpul tău, alta să hotărăști cu mintea și rațiunea să elimini carnea. Să etichetezi carnea că fiind sursa tuturor relelor, un fel de produs imoral, ține mai degrabă de un puritanism extremist, nu de o realitate firească.

Nu carnea e cauza problemelor din viața noastră, însă eliminarea ei chiar poate însemna o problemă pentru unii dintre noi. Dacă ești carnivor, acceptă asta și hrănește-te că atare, nu ne putem schimba natura și structura, iar un lup în piele de oaie este și ciudat, și ridicol. ☺ Fiți autentici, moderați și echilibrați, sănătatea vine din diversitate!

Eu nu fac diete...

Și nici liste cu alimente permise sau interzise nu dau!

Deși pare ciudat, sunt un medic nutriționist care nu le impune un meniu celor care vor să slăbească. După părerea mea, soluția vine din înțelegerea efectului pe care-l au alimentele asupra noastră, a greșelilor pe care le facem când mâncăm. Nu cred în diete, ci în obiceiuri modificate pe viață, în echilibrarea și disciplinarea relației pe care o avem cu mâncarea.

Deci nu, nu-i pot ajuta pe cei care vor o listă cu mesele, structurate pe ore, gramaj și conținut. Și da, îi pot îndruma, sfătui și susține pe cei care vor să înțeleagă rolul și locul pe care mâncarea îl ocupă în viața lor.

Toți cei care-și pun speranța în mine apropo de obținerea unei diete magice, care funcționează unde și când nimic nu mai dă rezultate, vor fi dezamăgiți. Până când nu sunteți pregătiți să vă asumați răspunderea în legătură cu propria alimentație și să renunțați la ideea de cură de slăbire, consultația cu mine va fi o pierdere de timp... și de bani. ☺

Nu beți suc de fructe, după ce vă spălați pe dinți – risc de carii!

Cu toții știm că trebuie să ne spălăm pe dinți după ce mâncăm, dar de multe ori pierdem din vedere că și băuturile sau fructele au potential cariogen, mai mare uneori decât al alimentelor. Zahărul e substanța responsabilă de apariția cariilor, iar prezența lui pe dinți nu provine doar din dulciuri, ci și din sucuri și fructe.

Mai ales la copii, este frecvent obiceiul de a consuma suc înainte de culcare, după ce s-au spălat pe dinți. Fructele din cadrul gustărilor sau biscuiții care sunt extrem de aderenți la smalțul dentar favorizează și ei apariția cariilor.

Alimentul cel mai sigur pentru dinți este laptele, fie dulce, fie bătut. Cu numai 3,5% lactoză (zahărul din lapte) și mult calciu, laptele neutralizează atacul acid al bacteriilor din gură, protejează dinții de carii. În plus, ajută la remineralizarea zonelor din smalț deja afectate, laptele fiind singurul produs în care există TOATE mineralele necesare organismului.

Dacă tot e să beți ceva după ce v-ați spălat pe dinți, laptele e mai sigur! În plus, vă liniștește și vă ajută să adormiți. ☺

Tot mai rar ne putem permite să mâncăm mai multe feluri la o masă...

...doar dacă nu e nuntă sau botez, ca să stai până dimineața. ☺ Altfel, în viața cotidiană, ținând cont de atenția pe care trebuie s-o acordăm siluetei, din păcate nu mai „încape“ decât un fel de mâncare, sau cel mult două. Adio trei feluri și desert, de multe ori ești nevoit să mănânci ciorba la prânz și felul doi seara, ca să nu te îngrași.

Sau poate ar mai fi o soluție — moda francezilor, care mănâncă porții ridicol de mici, numai așa îți poți permite multe feluri la o masă. Însă, când trăiești pe plaiurile mioritice, unde ai fost învățat cu abundența, e greu să te transformi într-o vrăbiuță care abia ciugulește.

Decizia se impune de la sine: taie din numărul de feluri, dacă nu ești dispus să tai din porție!

Fericirea – un echilibru fragil între înrădăcinare și zbor

Fericirea nu poate exista fără o deschidere nelimitată spre lume, nu poate apărea fără curajul de a ieși în viață, de a-ți părăsi culcușul confortabil, de a renunța la retragerea în propria persoană, la fuga de oameni, la frică.

Doar că acest elan, acest abandon în incertitudine și necunoscut nu poate fi făcut, dacă nu ai niște rădăcini solide, o ancoră înfiptă într-un teren sigur, o bază la care să te întorci și unde să știi că ești protejat.

Ca să poți fi fericit, trebuie să cunoști mai întâi siguranța de a fi iubit. Ca să poți pleca, trebuie să ai un loc pe care să-l numești „acasă".

Avem nevoie de certitudini, pentru a putea face față incertitudinii fericirii. Avem nevoie de rădăcini, pentru a avea curajul de a zbura. Avem nevoie de legături, pentru a descoperi libertatea, independența. Avem nevoie de familie, de părinți, de prieteni, ca să ne avântăm în viață, să îndrăznim să fim fericiți.

Cum putem învăța să mâncăm mai puțin? Mâncând cu simțurile!

Relația cu mâncarea a ajuns să fie bazată pe rațiune, când normal ar fi să fie bazată pe instinct. Mâncăm cu capul, nu cu corpul. Decidem cu mintea ce trebuie să avem în farfurie și uităm să ne întrebăm dacă ne-a și plăcut. Ne bazăm pe voință și abținere, în loc să simțim când ne-am săturat. Mâncăm pentru că trebuie sau e sănătos, de frică să nu ne fie foame. Și mâncăm prea mult!

Pentru că mintea nu știe când e suficient, când să se oprească, iar voința se epuizează. Prima condiție pentru a mânca mai puțin este să mănânci DOAR atunci când ți-e foame, chiar dacă asta înseamnă o singură dată pe zi. Apoi, este obligatoriu să-ți și placă, plăcerea este barometrul care ne spune când să ne oprim, când anume ne-am săturat. A treia condiție este atenția, evaluarea mâncării din farfurie cu toate cele cinci simțuri (văz, auz, miros, gust, atingere/

consistență). Organele noastre de simț au receptori care transmit informațiile la creier, iar noi nu putem fi satisfăcuți și sătui, dacă nu analizăm și nu evaluăm mâncarea cu simțurile. Degustați mâncarea ca și cum ați fi un critic culinar obligat să facă o recenzie, mâncați lent, fără să aveți alte activități în paralel.

În mod natural, pe măsură ce mâncăm, atât foamea, cât și plăcerea scad în intensitate. Dacă sunteți atenți, puteți detecta momentul în care foamea v-a dispărut, iar plăcerea este și ea mult diminuată. Asta se numește sațietate moderată, înseamnă c-ați mâncat SUFICIENT și că v-ați putea opri.

În practică, însă, pentru că suntem ocupați cu alte activități sau pentru că mâncăm pe pilot automat, fără să ne folosim simțurile, ne oprim, de obicei, când se umple burta, când nu mai putem. ☹

Meniu de prânz cu ciorbă și tocăniță

Nu știu dacă este un semn bun sau nu, dar majoritatea restaurantelor au început să facă meniuri pentru masa de prânz, la prețuri decente. Chiar dacă specificul este italienesc, franțuzesc sau nemțesc, poți consuma două feluri de mâncare gătite după modelul „ca la mama acasă". Până și la un *steak house*, găsești ciorbă și tocăniță — mai rămâne să-i dăm pe brazdă pe chinezi și pe japonezi. ☺

Cu siguranță, mâncarea gătită e mai rentabilă și mai spornică pentru restauratori și, în plus, devine accesibilă unui număr mai mare de consumatori. Mai bine să ai mesele pline la prânz, chiar dacă ai câștigul mai mic decât la meniurile scumpe și sofisticate.

Ca medic nutriționist, nu pot decât să mă bucur, o ciorbă va fi întotdeauna mai sănătoasă, mai sățioasă și mai dietetică decât multe alte preparate. Inclusiv încurajarea obiceiului de a avea o pauză de masă la prânz mi se pare de lăudat. În concluzie, felicit „românizarea“ restaurantelor și adaptarea lor la cerințele și realitățile pieței; chiar dacă nu ai bani să ieși prea des la restaurant, de o ciorbă, tot mai găsești. ☺

Legume coapte cu brânză – o salată caldă

În tradiția noastră, există zacusca, un fel de tocăniță de legume coapte în prealabil și apoi prăjite sau înăbușite cu ulei. Și mai există salata de ardei copți. Însă repertoriul poate fi mult îmbogățit, ca să profităm și altfel de abundența de legume din piață.

Am mâncat deunăzi un preparat provenit, se pare, din bucătăria machedonilor: piperchi cu brânză. Este o tocană de roșii cu ardei copți, cu un pic de usturoi, busuioc sau pătrunjel și brânză sărată de oi. După ce sunt trase puțin la tigaie, legumele sunt apoi presărate cu telemea și băgate și la cuptor, să prindă o crustă arămie — delicios!

Nutrițional, un răsfăț de anti-oxidanți și vitamine: licopen din roșii — tot avem nevoie să ne protejăm pielea de soare — și betacaroten (vitamina A) din ardei. E bogat în fibre și sărac în calorii, pentru că ardeii sunt copți în prealabil, iar brânza e puțină, nu cum o mâncăm noi de obicei. Zgârciți-vă la ulei, și veți obține un altfel de salată, caldă și echilibrată. ☺

Dulce, acru și amar

Ne naștem cu preferința pentru gustul dulce, este verificat faptul că nou-născuții zâmbesc automat dacă primesc o picătură de apă cu zahăr. Interesant este că și mai târziu cuvântul *dulce* are doar conotații pozitive: indiferent de contextul în care este folosit, ne duce cu gândul la bun, bine, frumos. Când spui despre cineva că este un/o dulce, cu siguranță îi faci un compliment, e ceva de laudă.

Nu de aceeași popularitate se bucură termenii *acru* și *amar*, puțini sunt fanii acestor gusturi. Din punctul meu de vedere, strict personal, consider că e nedrept, măcar la capitolul culinar. ☺ Dulcele este banal, fără multe nuanțe, previzibil și facil. Amarul și acrul sunt, însă, complexe, greu de controlat și cu atât mai interesante sunt de consumat sau preparat.

Cu ele trebuie să-ți bați capul, să găsești contextul și compania în care se potrivesc, să fii pregătit să le descoperi și să le apreciezi. Da, acrul și amarul nu sunt pentru oricine!

Ce e trist e că, la capitolul uman, aceste cuvinte nu sunt de dorit într-o descriere. Noi spunem că viața poate să „acrească" o persoană, anglofonii spun că devii *bitter*, adică amar. Cum o dai, tot de rău e. ☹ Toată lumea fuge de acru și amar, dar eu vă invit să le descoperiți, exclusiv pe plan gustativ. Și, în rest, rămâneți niște „dulci".

«Stay hungry, stay foolish!»

Acest îndemn al lui Steve Jobs se situează în top 3 cele mai vizionate secvențe audio pe Youtube. Era o urare pentru studenții de la Universitatea Stanford, dar cred că este valabilă pentru oricine.

Îmi place cum este folosită aici noțiunea de *foame*! Ea este cea care ne împinge, la propriu și la figurat, să ne trăim viața: foame de experiențe, de emoții, de trăiri, de fapte și oameni, de informații, de artă, de muzică, de cultură, de natură, de frumos... Atâta vreme cât ți-e foame, cât cauți, cât ești treaz și dornic de acțiune, cât ești deschis la nou și capabil să mai fii surprins, emoționat, entuziasmat, bucură-te, fiindcă înseamnă că ești fericit.

Cât despre *foolish*, are aici înțelesul de „naivitate, ingenuitate, naturalețe... — cam așa cum își trăiesc viața copiii, fără s-o controleze, ci doar lăsându-se trăiți de ea. ☺ A putea să trăiești în prezent e cea mai mare și mai provocatoare nebunie, ferice de cei ce reușesc asta!

Fiți nebuni și flămânzi, asta vă doresc!

Aura de sănătate

Obiectivul industriei alimentare este să ne facă să cumpărăm, să consumăm. Pentru că mâncarea nu poate fi mereu reinventată, iar produsele sunt în mare parte aceleași, nu mai rămâne decât o singură soluție: să li se schimbe ambalajul, forma, denumirea sau reclama.

Ce să mai spui nou despre un sortiment de pâine, iaurt, biscuiți sau fulgi de cereale? Cum să-i determini pe consumatori să aleagă un anumit tip de mezeluri, brânză sau ulei în detrimentul altora? Apelând la „aura" de sănătate! Acolo unde ingredientele dintr-un produs nu pot fi schimbate/îmbunătățite din motive economice, acesta e făcut să pară mai sănătos, folosind etichete cu afirmații atrăgătoare, care induc ideea că este de calitate, superior altora.

Toată lumea vrea să mănânce sănătos și, dacă se poate, să slăbească, așa încât sloganuri gen „conținut crescut de fibre", sau „cu x% mai puțin zahăr", sau „fără colesterol" pot influența decizia de a cumpara. Asemenea produse nu au beneficii în plus pentru sănătate, nu sunt superioare altora, ci doar mai bine promovate. Nu se scrie explicit avantajul/diferența față de produsul clasic, ci doar se sugerează. Cu alte cuvinte, suntem manipulați.

Noi, consumatorii, presupunem că un aliment care e scump, integral sau ecologic trebuie să fie mai sănătos și mai sărac în calorii. Aura de sănătate pe care industria alimentară încearcă s-o imprime anumitor preparate, folosind sloganuri colorate și scrise cu majuscule, e doar marketing. Diferențele dintre produse sunt nesemnificative din punct de vedere nutritiv, dacă ne referim la un același tip de aliment. Ciocolata bio îngrașă la fel ca și cea clasică, iar chipsurile se mănâncă rar, indiferent dacă sunt coapte în cuptor sau prăjite în ulei.

Nu vă lăsați seduși de găselnițele publicitare și nu cheltuiți bani în plus pe ambalaje frumoase, toate alimentele sunt sănătoase, dacă le mâncați cu măsură!

Diluat cu apă sau umflat cu aer

Sunt două metode prin care putem păcăli creierul, astfel încât să ni se pară că mâncăm mai mult. Cu cât alimentele au volumul mai mare, cu atât mai rapid ne săturăm. Organismul are nevoie de timp (minimum 20-30 de minute), ca să analizeze numărul de calorii primite la o masă, așa încât, în faza inițială, sațietatea este determinată, în primul rând, de gradul de umplere a stomacului.

A consuma produse cu densitate calorică mică și care au volum mare și calorii puține poate fi o strategie eficientă pentru slăbit. Asta nu înseamnă neapărat să mănânci iaurt cu 0% grăsime sau piept de pui cu salată, ci să înmulțești, să expandezi volumul produselor concentrate, să faci „puținul" să pară „mult". ☺

Brânza și cașcavalul îngrașă? Atunci, dați-le pe răzătoare și o felie de 30-50 g va deveni o grămăjoară satisfăcătoare. Ciocolata este o problemă? Transformați-o în *mousse* ori în cremă de lapte... cu ciocolată. Mâncărurile gătite sunt prea consistente? Din aceleași ingrediente alegeți să faceți ciorbă. Sucul de fructe e prea concentrat? Faceți-l șpriț, adică îndoiți-l cu apă. Vreți să mâncați mai puțină pâine? Alegeți varianta cât mai pufoasă, o felie va cântări doar jumătate din greutatea celei integrale și dense.

Cu apă sau aer diluăm caloriile și sporim volumul. Iar apa, aerul nu îngrașă, ba, mai mult, au 0 calorii. ☺

Nu toți Omega sunt esențiali

Acizii grași Omega sunt la modă. Însă este o mare diferență între ei, contează dacă e vorba de 3, 6 sau 9. Omega-9 este acidul oleic din uleiul de măsline, Omega-6 este acidul gama-linoleic din uleiul de floarea-soarelui și porumb, iar Omega-3 are o familie mai mare (ALA, EPA și DHA) și provine din semințele de in și din grăsimea de pește.

Dintre toți Omega, doar ALA (acidul alfa-linoleic) este esențial, adică nu poate fi sintetizat în organism și trebuie adus din alimentație. Problema este că, din ALA, se sintetizează și ceilalți doi Omega (EPA și DHA), așa încât, dacă nu mănânci ALA, vei avea un deficit pentru toți trei Omega-3. Și, ca lucrurile să fie și mai complicate, aceleași enzime care transformă ALA în fracții de Omega-3 se ocupă și de transformarea lui Omega-6 în molecule pro-inflamație. Așadar, o dietă bogată în ulei de floarea-soarelui monopolizează enzimele din organism și împiedică sinteza de Omega-3.

Recomandări:

- consumați grăunțe și ulei de in, soia, nuci și ulei de nuci – au ALA;
- consumați pește gras de minimum două ori pe săptămână – are EPA și DHA gata sintetizate;
- reduceți consumul de ulei la 1-5 linguri/zi.

Raportul între acizii grași Omega-3 și Omega-6 ar trebui să fie de 1 la 4; din păcate, în alimentația noastră, avem Omega-6 mai mult decât Omega-3 de 10 până la de 50 de ori!

Dacă nu aveți de gând să vă mutați curând la Polul Nord, măcar puneți pește mai des pe masa voastră. ☺

Între NON-autoritate și NON-știință

Președintele unei asociații obscure cu o titulatură care sugerează onorabilitatea — Asociația pentru Protecția Consumatorilor — a hotărât să se erijeze în apărătorul sănătății românilor și să decreteze cu de la sine putere că înghețata este un aliment toxic, plin de E-uri și nesănătos. Ce contează că avem doctori, un Minister al Sănătății și specialiști care pot avea opinii autorizate în legătură cu acest subiect, domnul în cauză decretează: „Înghețata este un produs dezechilibrat din punct de vedere nutrițional, pe care nu trebuie să-l consume copiii și persoanele cu afecțiuni cardiovasculare, diabet și boli metabolice“.

Cine sunteți dumneavoastră, stimate domn, și ce vă dă dreptul să emiteți asemenea judecăți? Eu zic să vă duceți la Consiliul Europei, să-i trageți de urechi pe cei de-acolo, c-au aprobat existența E-urilor pe piață! Și, apropo, acidul citric pe care-l interziceți dumneavoastră la copii, la bolnavii de inimă și de rinichi, la diabetici sau în diaree și boli digestive, deși se numește E330, e banala zeamă de lămâie... Așa că, la coș cu limonada sau cu apa cu lămâie recomandată pentru calculii renali, domnul președinte de la APC a zis că nu e voie!?

În loc să faceți organizații neguvernamentale și non-profit, care, vezi Doamne!, au grijă de sănătatea noastră, manipulându-ne și alarmându-ne, mai bine ați cheltui mai cu folos banii pe care-i tot luați de la Uniunea Europeană. Cât despre înghețata noastră cea de toate zilele... de vară, cu sau fără permisiunea dumneavoastră, o vom mânca și de azi înainte. Pentru că este un produs echilibrat din punct de vedere nutritiv și este o variantă sănătoasă de desert la orice vârstă. Iar, dacă ne crapă smalțul dinților și ne plesnesc vasele de sânge din cap, de cât de rece e, al nostru să fie păcatul. Însă pentru dumneavoastră, rușine, concluziile acestui studiu sunt jenante și ridicole!

Fructoza din fructe nu trebuie consumată în exces

În comunicările și articolele medicale, se aduce din ce în ce mai des în discuție întrebarea: este fructoza mai bună sau mai sănătoasă decât zahărul?

Până acum câțiva ani, răspunsul ar fi fost indubitabil: da, zahărul din fructe e mai sănătos, fiindcă se absoarbe mai lent. Dar să nu înțelegem din greșeală că îngrașă mai puțin, pentru că tot 4 cal/g conține! Până acum, când vorbeam de fructoză, ne referam exclusiv la consumul de fructe, însă în prezent găsim fructoza folosită ca agent de îndulcire în multe produse, de la sucuri la prăjituri.

Și, dacă recomandarea OMS este de 30 g zahăr/zi (adică șase linguriţe), în această cantitate intră neapărat la socoteală și fructoza.

Când vine vorba de fructoză, vă recomand să consumați fructele ca atare, mestecându-le, iar pentru restul dulciurilor, alegeți variantele clasice, cu zahăr (mâncate rar și puțin). O nouă viziune asupra fructozei începe să prindă contur și veștile nu sunt îmbucurătoare: un aport de fructoză de peste 70 g/zi predispune la obezitate și favorizează apariția grăsimii abdominale, cea care sporește riscul de diabet și boli cardiovasculare.

S-a descoperit că fructoza este metabolizată diferit față de zahăr: în prezența fructozei, organismul favorizează transformarea grăsimilor din alimente în grăsime de depozit. Cu alte cuvinte, sucul sau fructele asociate cu o mâncare grasă acționează ca un catalizator care accelerează îngrășarea.

Dacă tot vorbim de disocieri, iată o disociere care poate avea avantaje pentru siluetă: mâncați fructele în afara meselor. Consumați-le ca atare, nu transformate în suc. Și atenție la cantitate: un pahar de suc de fructe are 20-25 g de fructoză și rezultă din trei-patru fructe. Încă o dovadă că orice agent de îndulcire, indiferent de culoare sau proveniență, trebuie consumat cu măsură!

Momentul ideal pentru nuci

Se apropie toamna, am simțit-o cu toții zilele astea. Și, când e vorba de toamnă, e vorba de nuci. Însă acum este momentul ideal să le consumăm, cât sunt crude încă, pline de iod și mai ușor de digerat.

Când vine vorba de fructe oleaginoase, știm că sunt gustarea ideală, sățioasă, plină de fibre, minerale și grăsimi nesaturate valoroase pentru sănătate. Magazinele fiind pline de produse exotice, care nu cresc pe meleagurile noastre, ne trezim mâncând alune, caju, fistic și migdale, iar de nuci uităm cu totul!

Aceste fructe se numesc oleaginoase, pentru că au concentrate multe grăsimi în structura lor. Grăsime înseamnă multe calorii, dar și mai greu de digerat, mai ales când avem o bilă leneșă. Cu cât acești sâmburi sunt mai uscați și mai deshidratați, cu atât „cad" mai greu, așa că multe persoane aleg să-i consume după ce-i țin câteva ore în apă. Pentru nuci, există însă o soluție și mai bună: mâncate acum, la sfârșitul verii, au doar beneficii: sunt crude, pline de apă și de nutrienții pe care orice plantă are interesul să-i concentreze în semințe, ca să asigure perpetuarea speciei. Sămânța este pentru vegetale ceea ce oul este pentru lumea animală: esența vieții.

Nu așteptați să se usuce nucile și să râncezească prin cămară, faceți de pe acum o cură de minerale și iod, care accelerează metabolismul, înlătură oboseala și sporește performanțele fizice și intelectuale. Un pumn de miez de nucă zilnic este la îndemâna oricui.

Avocado – mai mult decât un fruct

În cărțile de nutriție, avocado este încadrat la secțiunea grăsimi și fructe oleaginoase, fiindcă seamănă mai degrabă cu măslinele decât cu mărul. ☺

Unde 100 g fructe au 35-50 cal în medie, avocado are 160 cal/100 g, echivalentul a două linguri de ulei. În structura lui, găsim multe fibre, urme de proteine, sub 10 g de glucide și 15 g de lipide/100 g (jumătate de fruct), grăsimile sunt preponderent mono-nesaturate, asemănătoare cu cele din uleiul de măsline, bogate în acizi grași Omega-9.

La capitolul efecte benefice, consumul de avocado îmbunătățește profilul lipidic (reduce colesterolul), datorită prezenței fibrelor solubile, aportului de acizi grași mono-nesaturați și, nu în ultimul rând, bogăției de fito-steroli. Cu 80 mg/100 g, avocado este fructul care conține cei mai mulți fito-steroli, acele molecule vegetale care mimează structura colesterolului uman și care determină ficatul să reducă sinteza de LDL-colesterol. Din păcate, efectul benefic apare la un consum de 2.000 mg fito-steroli/zi, iar un avocado abia conține 160 mg. ☹

Un lucru e sigur: consumați avocado cu măsură, ca pe o pastă de întins pe pâine, ca pe un ingredient pentru salată sau pentru sos. Consistența cremoasă e dată de grăsime, așa că folosiți-l în loc de ulei, unt sau smântână. Un fruct are 320-350 cal, cât o bucată de carne cu garnitură sau cât un sandviș. De sănătos e sănătos, dar nici gând să fie dietetic!

Sportul tonifică, nu slăbește!

Zilele trecute, o prietenă mi se plângea că, după câteva zile de mers constant cu bicicleta, s-a trezit cu o senzație de foame teribilă, ea fiind o persoană în principiu slabă, fără probleme cu alimentația și fără cure de slăbire la activ. În acest echilibru pe care îl avea cu propria siluetă, sportul susținut a produs o schimbare neașteptată: „Mă trezeam că mi-e foame, simțeam nevoia de mâncare, îmi trebuia mult mai mult ca să mă satur, gata cu germenii și salatele mele, aveam nevoie de ceva consistent!"

Ei bine, da, așa este, sportul face poftă de mâncare, trezește și pune la treabă metabolismul, arde calorii, deci golește rezervele de energie. Nimic mai firesc, apoi, foamea ne spune că avem nevoie de alimente. Sportul dezvoltă masa musculară, care e mai grea decât grăsimea, deci și pe cântar vom observa o schimbare... în sus!

Departe de mine gândul de a vă descuraja în privința mișcării, este cel mai sănătos și mai firesc mod de a-ți folosi corpul, pentru asta am fost proiectați. Doar că nu e recomandat să vă apucați și de cura de slăbire și de sport în același timp, vă va fi tare greu. ☹ Dieta înseamnă deja stăpânirea cu greu a senzației de foame, înseamnă să mănânci mai puțin decât are nevoie organismul... Cu sport, turnați gaz peste foc, există riscul să nu duceți nici una la capăt.

Mai înțelept ar fi să începeți să slăbiți cu dieta și apoi, după ce trece perioada frustrantă de început, după ce rezultatele se văd, după ce încrederea în voi crește și reușiți deja să controlați relația cu mâncarea, abia atunci să vă apucați și de mișcare. Ideal ar fi să faceți un efort de intensitate medie și durată crescută (mers, alergare, bicicletă, înot, aerobic, dans), doar asta topește grăsimile de depozit. Aparatele de forță și mersul la sală fac mușchi, nu veți slăbi. Altfel spus, luați-o treptat, nu trebuie să le faceți pe toate chiar de mâine, nu încercați să scăpați și de kilogramele în plus, și de sedentarism dintr-o lovitură ☺, așteptările realiste ne fac învingători!

Apel către nutriționiști

Dragi colegi (care sunteți medici), vă implor, nu le mai prescrieți cure de slăbire copiilor! Nicăieri în lume și în nici o carte de nutriție, nu există această atitudine, nici măcar pentru copiii obezi!!!

Soluția pentru kilogramele în plus la copii este o dietă echilibrată, diversificată și redusă cantitativ, asociată cu mișcare. Copiii trebuie ajutați să aibă un stil de viață sănătos, o alimentație bazată pe produse proaspete, cât mai puțin prelucrate industrial. Copiii trebuie să consume mâncare gătită, porții adaptate la greutatea lor, să învețe să-și respecte foamea și sațietatea.

A pune un copil la cură de slăbire este un abuz, a-i da liste cu alimentele interzise este un gest care-i poate afecta pe viață relația cu mâncarea, îl poate transforma definitiv în dependent de diete. Copiii au nevoie de grăsimi și glucide în alimentația lor, este grav și periculos dacă un medic poate cere ca un copil să mănânce grătar cu salată. Dietele proteice pun în pericol sănătatea și echilibrul psihic al adulților, ce efecte credeți că au asupra copiilor?

Dacă părinții își pun speranța într-un nutriționist pentru binele copilului lor, este ca să primească sfaturi cu adevărat competente — cu iaurt și carne la grătar, înveți să slăbești din reviste și de la televizor. Ca medici, sunteți responsabili de sănătatea pacienților voștri, iar când vine vorba de copii, responsabilitatea trebuie să fie dublă! Un copil crește; mâncând mai puțin și mișcându-se mai mult, sigur va slăbi. Moderația și diversitatea sunt soluția. Gândiți-vă la viitorul lor și ajutați-i să păstreze o relație pozitivă cu mâncarea. Nu le schilodiţi sufletele, nu le luaţi bucuria, viaţa lor abia începe!

Nu ştiu în virtutea căror informaţii sau în urma cărei specializări aveţi autoritatea de a le prescrie cure de slăbire copiilor. Dacă nu aveţi competenţă în acest domeniu, abţineţi-vă!

«Ratatouille» sau tocăniţă

A fost nevoie de un film de desene animate, ca tocana de legume din sudul Franţei să devină celebră în toată lumea. Până când ne vor face regizorii de la Hollywood celebre bucatele autohtone, eu v-aş recomanda să nu le nesocotiţi importanţa, măcar pentru alimentaţia copiilor.

De ciorbă, am tot vorbit, şi ştiţi că sunt un mare fan, aşa că astăzi vă aduc în atenţie tocăniţa. Legume aveţi din belşug în piaţă, puneţi câteva bucăţele de carne de orice fel, multe roşii, verdeaţă, şi masa-i gata! Pot exista sute de variante de tocăniţă, fiecare gospodină e liberă să pună în cratiţă ce-i place. Din punct de vedere nutritiv, este un fel de mâncare sănătos şi săţios, cu o proporţie corectă între carne şi legume, totul semi-fiert cu mult sos de roşii. Faptul că e gătită înăbuşit, în mediu umed, o face uşor de digerat, iar mediul acid al roşiilor sporeşte absorbţia fierului. Evitaţi prăjeala şi uleiul mult, lăsaţi carnea şi legumele să se întrepătrundă ca gusturi, fără adaos de grăsime.

Nu cred că e vreun copil căruia să nu-i placă tocănița, fie că înmoaie o bucată de pâine în sos, fie că o mănâncă împreună cu orez sau piure de cartofi. Este o formă practică de a-i face pe copii să consume legume, poate fi gătită dietetic, e spornică, nepretențioasă și necostisitoare pentru buget.

Dacă variem tipurile de carne și de legume, tocănița poate fi un fel de mâncare de bază, indiferent de sezon: este un preparat echilibrat, hrănitor și sănătos.

Când pierdem legătura cu natura, corpul suferă

Înainte de a exista industria alimentară, organismul nostru știa ce mânca. Ingredientele erau ușor de identificat, puține la număr și, de obicei, de sezon.

Generații întregi au crescut cu ciorbă, cu fasole, cu mămăligă și lapte, cu carne mai rar, iar prăjituri, la sărbători. Nu aveai de unde să iei ouă iarna și nici mezeluri în toiul verii. Și ne era bine, sau, cel puțin, nu exista obezitate. ☺

Pentru că organismul are ritmul lui, care ține cont de ritmul naturii, el știe că, primăvara și vara, mâncarea e bazată pe legume, fructe și verdețuri și nu are nevoie să facă provizii; în schimb, toamna și iarna primește mâncare mai consistentă și pune deoparte niște grăsime de depozit.

Tragedia este că majoritatea preparatelor pe care le consumăm tot timpul anului sunt concentrate în calorii, proteine, grăsime și zahăr. Dacă mănânci o felie de pâine cu magiun și ceai, zice lumea că ești bolnav sau ții post. Dacă trece o zi fără carne sau mezeluri, ai impresia că nu ești mâncat, iar ciorba „chioară" de legume sună a sărăcie.

Ne îngrășăm și dăm vina pe organism, că nu știe să ardă caloriile, fără să realizăm că noi îl asaltăm în continuu cu produse concentrate, prea bogate în nutrienți și în cantitate prea mare. Nu mai are parte de pauză nici măcar în post, pentru că avem șnițel și cașcaval din soia. ☹

Faptul că avem tot timpul din toate ne produce, în final, suferință. Și de ce mâncăm mai concentrat, de aceea corpul nostru continuă să-și facă provizii... Nu știe, bietul de el, că abundența e supliciul nostru!

Tot secretul stă în atenție...

...Sau, mai degrabă, în distragerea ei. ☺ Vreau să vă propun să abordați problema cu mâncarea/cura de slăbire/abținerea/poftele într-o manieră nouă, neobișnuită, jucăușă.

Dacă aveți copii, știți că cea mai bună metodă prin care-i puteți face să renunțe la ceva este să le oferiți altceva în schimb, să le mutați atenția la un alt obiect.

Până și bebelușii care plâng sau cărora nu le mai intri în voie cu nimic își pot schimba dispoziția de la un moment la altul, numai să le zdrăngăni ceva prin fața ochilor, să-i distragi în vreun fel, să le dai un stimul mai puternic, să le captezi simțurile.

Așa funcționăm și ca adulți, avem simțuri care trebuie satisfăcute, iar mâncarea este doar unul dintre elementele care ne dau stare de bine. Eu vă recomand să încercați acest joc: păcăliți-vă foamea/pofta. Ori de câte ori gândul vi se duce la mâncare, încercați metode prin care să vă distrageți atenția, pe sistemul: hai să ascult melodia mea preferată, hai să-mi sun prietena/iubitul/fratele/vecina etc., hai să ies din casă ori birou să duc gunoiul sau la o țigară (!), hai să mai beau o cafea cu lapte, hai să mai răsfoiesc o revistă sau să-mi citesc horoscopul..., orice vreți voi, numai să nu mâncați! Este doar o amânare, o întârziere, cât să-ți acorzi posibilitatea să-ți treacă, să uiți. Și nu vă faceți griji, uiți pe moment, dar n-o să uiți atât de mult, cât să mori de foame!... ☺

Funcționăm impulsiv, de multe ori credem că ne e foame, dar putem descoperi că simțurile noastre pot fi satisfăcute și de alți stimuli. Eu vreau doar să vă încurajez să vă jucați mai mult, să vă relaxați, să experimentați și, ori de câte ori mintea vă zboară la mâncare, s-o deturnați. În cărțile de nutriție, scrie că bărbații se gândesc la sex de două ori mai mult decât se gândesc femeile la mâncare. Vă provoc și pe voi să vă gândiți la orice altceva, în afară de mâncare! ☺

Mâncatul compulsiv

Crizele de bulimie nu sunt un capriciu, o dovadă de lăcomie sau o lipsă de voință. Nu mănânci de dragul mâncării sau de plictiseală, ci pentru că suferi. Acest mâncat compulsiv, această pierdere de control tradează o vulnerabilitate emotională majoră, o mare anxietate, o nesiguranță afectivă, uneori chiar o depresie. Bulimia nu e numai o tulburare de comportament alimentar, e simptomul unei suferințe extreme.

Indiferent care ar fi cauza declanșatoare, drama, în cazul mâncatului bulimic, constă în distrugerea stimei și încrederii de sine. Pe lângă suferința inițială, mâncatul necontrolat aduce după sine rușinea, sentimentul de vină, pierderea respectului față de propria persoană. Criza de bulimie reușește să șteargă, pentru un moment scurt, sentimentul de gol, tristețea, durerea. Dar ea te afundă și mai adânc în suferință.

Soluția? Ieșirea din clandestinitate, recunoașterea față de tine și de cei din jur că nu ai parte de afecțiunea de care ai nevoie, că există răni care dor. A vorbi despre suferința ta, a le cere ajutorul celor din jur este singura cale spre liniște, spre alinare. Până nu puneți în loc de mâncare afecțiune, iubire și grijă, rana nu se va cicatriza. Și, până când nu vă recunoașteți fricile, anxietățile și suferințele, cei din jur nu vor ști ce vă trebuie, de ce aveți nevoie.

Încetați să vă mai prefaceți că totul e OK, numai voi știți de câte eforturi aveți nevoie, ca să păstrați o greutate aparent normală. Bulimia nu se vede la exterior, din cauza ei nimeni nu va bănui cât de flămândă este inima voastră după afecțiune. Cereți iubire — nu de mâncare are nevoie sufletul vostru!

Nu toate fibrele sunt bune

Când vine vorba de fibre, toată lumea are aceeași atitudine: cu cât mai multe, cu atât mai bine. Și nu întotdeauna e bine — fiecare le tolerează diferit.

Există fibre solubile, care se umflă și se înmoaie la contactul cu apa. Sunt prezente mai ales în fructe și legume, dar și în amidonul din făină. În organism, fac lucruri bune, scad absorbția de grăsimi din tubul digestiv și ameliorează nivelul colesterolului. La capitolul digestie, sporesc senzația de sațietate, ca urmare balonează pe moment.

Apoi, sunt fibrele insolubile, mai dure și mai agresive, care nu suferă modificări la trecerea prin organism și au numai rol de balast, să accelereze tranzitul intestinal și să prevină constipația. Asemenea fibre există în tărâțele din cereale, în făina integrală și în vegetalele mai lemnoase. La persoanele cu intestine sensibile, aceste fibre sunt iritante și pot da blocaje intestinale, cu durere și disconfort.

Dacă vreți un aport mare de fibre în dietă, sporiți cantitatea de fibre solubile și evitați excesul de tărâțe.

Si mai e un lucru de precizat: toate fibrele au aport caloric 0, ele nu pot fi digerate de organismul uman și nu aduc nici un fel de nutrienți. Rolul lor, singurul, este să dea volum bolului alimentar, să avem impresia c-am mâncat mult.

Nitriții din apă – un subiect prea mult exploatat mediatic

Cuvântul *nitrat* vine de la nitrogen, simbolul azotului în chimie. Departe de a fi dușmanul naturii, azotul există oriunde există viață: în plantele și carnea pe care o mâncăm, în corpul nostru (3%) și în aerul pe care-l respirăm (78%).

Nitrați înseamnă NO_3, adică azot și 3 atomi de oxigen. Nitriți înseamnă NO_2, azot cu 2 atomi de oxigen. Agricultorii pun nitrați în sol, pentru că ei ajută plantele să crească. Iar nitrații folosiți în industria alimentară conservă carnea similar sării și o împiedică să se oxideze (să-și schimbe culoarea). 70-90% din nitriții cu care luăm contact sunt produși chiar de corpul nostru, prin salivă. Iar o porție de spanac sau de sfeclă conține mai multi nitriți decât 200 de cârnați!

Adulții și copiii mai mari de un an nu au de ce să-și facă griji în privința nitraților și nitriților, nu li se acumulează în corp. O parte din ei sunt folosiți la producerea enzimelor salivare, iar restul se elimină prin urină și dispar din sânge în maximum 5 minute.

Doar nou-născuții sunt sensibili, dacă sunt expuși la doze mari de nitrați, iar boala provocată se cheamă methemoglobinemie — boala bebelușului albastru. De aceea cantitatea de nitrați din apa curentă și cea îmbuteliată e reglementată strict. Asta nu înseamnă că nitriții nu trebuie să existe deloc în apă! Excesul e periculos, nu prezența lor! Iar methemoglobinemia se tratează cu o singură doză de albastru de metilen, care transformă methemoglobina în hemoglobină.

Deci, nu intrați în panică, nu trebuie să cumpărați de mâine doar apă cu 0 nitriți, orice apă e bună. ☺

Super-alimente din America de Sud

Produsele exotice sunt la modă, și avem tendința să le acordăm mai multă încredere decât celor autohtone. Avem și noi merișoare prin păduri, dar le-am uitat, de când au apărut fructele de goji în magazine. Nucile și alunele de pădure au fost înlocuite de caju și fistic. Și quinoa, repede am adoptat-o, deși nu ne e clar, încă, dacă e cereală sau leguminoasă. ☺

Din Anzii peruvieni, a ajuns la noi maca, un tubercul asemănător ghimbirului, bănuit c-ar stimula fertilitatea și ar îmbunătăți performanțele sexuale.

De la brazilieni aducem fructele de acai (mă rog, ce mai rămâne din ele după uscare), ceva între coarne și afine. Având gust dulceag și aromă de ciocolată, bobițele violet de acai sunt bogate în anti-oxidanți, dar sunt departe de a fi elixirul tinereții.

Și, ca să fie atracția și mai mare, acestor prafuri exotice li se adaugă argumentul suprem: accelerează metabolismul și ajută la slăbit. Greu de demonstrat, dar tentant de încercat — ce n-am face, nu-i așa?, pentru un kilogram mai puțin? ☺

Nu știu dacă ajută, importantă-i auto-sugestia, de multe ori. Iar dacă în Peru și Brazilia s-ar fi scăpat de obezitate, ar exista vreun comunicat științific despre miracolul din maca și acai... Până atunci, parcă mai multă încredere am în samba!

Mâncați în pace!

Informațiile cu care suntem asaltați la capitolul mâncare ne vor obliga, în final, să înlocuim urarea „Poftă bună!" cu ceva de genul „Baftă!", sau „Noroc!", sau cu extrema „Fie ce-o fi!", ca și cum fiecare masă ar fi o loterie, cu emoții ca să vezi dacă ai pariat bine, dacă ai ales produsul norocos/sănătos/dietetic/natural... Există mereu angoasa opțiunilor corecte, ai impresia că trebuie să eviți capcane, să ocolești pericole, pentru a depăși o nouă confruntare cu mâncarea.

Ceea ce trebuie să fie un moment de plăcere, de relaxare, confort și normalitate, are tendința să devină problema noastră de zi cu zi.

Contrar față de ce vor să ne inducă vânzătorii de drame și orori alimentare, mâncatul nu e periculos, cu atât mai puțin temerar. Nu ne așezăm la masă cu frica în suflet, de parcă am pleca la un război din care nu știm dacă ne mai întoarcem. E absurd să credem că sănătatea și fericirea ne sunt condiționate DOAR de alegerile alimentare. Preocupați să mâncăm corect, uităm ce ne place. Atenți să alegem cu mintea, rațional, nu ne mai ascultăm corpul, ca să știm de ce are nevoie. Suspiciunea și neîncrederea ne fac mai mult rău decât dietetica. De frica de a nu greși, ajungem să mâncăm monoton sau să îmbrățișăm extremismul alimentar. Sănătatea o dau diversitatea și moderația. Prea ne învinovățim propria mâncare, încât uităm să ne mai bucurăm de ea.

Mâncați în pace, viața înseamnă mai mult decât să vânați pericolul din alimentație!

Ciocolata și banana sunt de ajutor în cura de slăbire

Noțiunea de slăbit pare incompatibilă cu cea de plăcere. Ei bine, când facem lucrurile la extrem, când suntem rigizi și dictatoriali, organismul suferă.

Slăbitul se face pe baza legilor fizicii, el presupune o balanță energetică negativă, să mâncăm mai puțin decât consumăm. Și, dacă tot mâncăm puțin, dacă tot ne chinuim, de ce să fie și fără gust?

Doar nu credeți că v-ați îngrășat doar pentru c-ați mâncat două bucățele de ciocolată, ar fi prea simplu să fie ea de vină. Dacă vă interziceți cu desăvârșire ciocolata, sigur veți mânca una întreagă după ce vă terminați dieta. Și culmea este că două bucățele de ciocolată v-ar ușura slăbitul. ☺

Serotonina, substanța care ne calmează creierul și ne conferă stare de bine, se găsește în mod natural în ciocolată, banane și brânză. N-ar fi înțelept să vă acordați zilnic acest mic răsfăț, această abatere de la dieta strictă, dacă vă ajută să vă chinuiți mai puțin? Nu meritați un strop de bine, ca să puteți rezista unei alte zile de cură?

Încercați efectul terapeutic al acestor alimente, dispoziția voastră va fi alta! „Sacrificați" 100 cal pe o banană, un triunghi de brânză ori patru pătrățele de ciocolată. Una dintre ele, în cantitate mică, zilnic. Moralul ameliorat face față altfel curei de slăbire. ☺

Săraca limbă română

Termenul *dependență* are conotație negativă și te duce cu gândul la ceva ce-ți face rău. În realitate, dependența se confundă cu adicția, iar mecanismul adicției este ceva periculos: nu mai obții efectul dorit și e nevoie să mărești doza.

Când vorbim despre droguri, alcool sau nicotină, adicția le face nesănătoase, faptul că le folosim tot mai des și în cantități tot mai mari, iar efectul lor e din ce în ce mai slab.

Cu dependența e mai simplu, a depinde de ceva/ de cineva înseamnă un confort, o ușurare, un ajutor. E de dorit să depindem de oameni, nu putem și nu știm să facem totul singuri, iar mrejele independenței au întristat multe vieți. Când ți-e frică de dependență, de pierderea controlului, ți-e frică, într-adevăr. ☹ Iar iluzia controlului este cea care ne pierde definitiv.

Într-o lume obsedată de control, tot mai multe persoane cedează în fața dependenței de mâncare. Acolo unde nu avem curajul să le cerem ajutor altora, acolo unde auto-proclamata independență a creat un gol în jurul nostru, acolo unde vroiam să le facem pe toate singuri, se vede treaba că nu prea ne iese. Și atunci, alegem să depindem de mâncare...

Și nu asta e problema! Nu dependența ne face rău, ci faptul că ne învinovățim, că o considerăm o slăbiciune! Până rescriem DEX-ul și înțelegem că e de bine să depinzi de alții, să fii ajutat, să ai în jurul tău oameni, lucruri care să te susțină, vă rog un singur lucru: încetați să dați vina pe mâncare, fiindcă ea este singurul prieten care v-a mai rămas!

Merită să te îngrași de dragul fructelor?

După ce a trecut „pericolul" cireșelor și al pepenilor, iată-ne în fața unei alte „amenințări" pentru siluetă: prunele și strugurii.

Pentru cei care se feresc în mod constant de fructe din motive de kilograme ținute cu greu sub control, a consuma zilnic fructe e o decizie grea. Ești dispus să vezi 1-2 kg în plus la cântar de dragul fructelor? Eu aș spune că merită!

Faceți, toamna, o cură de câteva zile de prune sau struguri, prea sunt sănătoase. ☺ Spre deosebire de cireșe și de pepeni, care nu au mare valoare nutritivă, cu prunele și strugurii poți face un detox ca la carte. Pentru coaja lor violet plină de pigmenți miraculoși, pentru fibrele prietenoase cu digestia, pentru mineralele anti-oboseală. La struguri, există și mai multe beneficii: semințe pline de uleiuri esențiale (sfărâmați-le bine între dinți), resveratrol și calciu. Da, sunt dulci, dar considerați-le desertul ideal.

Înlocuiți o masă cu fructe sau mâncați una, două zile pe săptămână doar fructe. Și uitați de cântar luna asta: chiar dacă arată 1-2 kg în plus, e ceva temporar, e vorba de multă apă, nu de grăsime. Priviți-o ca pe o investiție în sănătatea voastră, e momentul să faceți „provizii" pentru iarnă! ☺

Cum să-i spui unui copil că dulciurile se mănâncă rar și puțin?

Dacă noi, oamenii mari, nu ne putem abține de la dulciuri, ce pretenții putem avea de la copii? Culmea este că ei încă mai cred în povești și în supereroi, iar imaginația le funcționează teribil ☺, așa că eu vă propun să le prezentați dulciurile ca pe niște super-alimente, niște concentrate de nutrienți și niște esențe de putere.

În fond, asta și sunt, un amestec de făină, zahăr și grăsime, care aduce multe calorii într-un volum mic, deci multă energie. Dulciurile sunt produse 3-în-1 și, ca tot ce e prețios, trebuie consumat cu grijă, din când în când și în bucățele mici. Altfel, le dispare tot misterul, toată forța, vraja... Nu le interziceți copiilor dulciurile, nu veți reuși. Mai degrabă, explicați-le de ce nu e nevoie să le mănânce în fiecare zi, că efectul lor ține câteva zile.

Merită încercat. Și sper că pe voi nu trebuie să vă conving că dulciurile chiar sunt un produs 3-în-1! ☺

Dacă mănânc de cinci ori pe zi, mă îngraș?

Asta o întreba o fetiță slăbănoagă și nedumerită pe mama ei. Am fost martoră azi, de la distanță, la această scenă și n-am putut să nu fiu cucerită de candoarea, logica și bunul-simț al copilei. Da, draga mea, sigur te vei îngrășa, îmi venea să-i spun. Când vrei să te îngrași, trebuie, în primul rând, să mănânci mai mult. Și cum probabil ea, ca toți copiii slăbuți, nu poate mânca prea mult la o masă, soluția vine de la sine: trebuie să mănânce încă două gustări între mesele principale, adică cinci mese în total.

Acum, urmând aceeași logică intuitivă, le întreb pe cele care vor să slăbească mâncând, ca la carte, trei mese și două gustări: „Credeți că veți slăbi mâncând de cinci ori pe zi?" Puțin probabil! Mesele ar trebui să fie atât de mici, încât ar fi, mai degrabă, gustări. ☹

Ce înseamnă o calorie?

Tot vorbim despre calorii, dar nu întotdeauna știm exact ce e cu ele. Așa că propun o scurtă lămurire.

Caloriile sunt unitatea de măsură pentru energia conținută în alimente. Așa cum măsurăm lungimea în metri și puterea curentului în wați, la mâncare folosim caloriile.

O calorie rămâne o calorie, indiferent dacă vine din salată sau din ciocolată. Numărul de calorii diferă de la un produs la altul și se exprimă raportat la suta de grame. Ciocolata conține 480 cal/100 g, iar salata 35 cal/100 g, deci, logic, ciocolata îngrașă mai tare.

Asta nu înseamnă că o calorie din ciocolată e diferită de una din salată!

Când vine vorba de slăbit, contează conţinutul de calorii dintr-un produs. Când e vorba de sănătate, contează tipul de nutrienţi. Asta duce la următoarea precizare: tot ce e sănătos nu e neapărat dietetic — şi invers! Untul şi ciocolata sunt sănătoase, dar cu siguranţă nu sunt dietetice. ☹ Nici să te îndopi cu carne doar pentru că nu are multe calorii, nu este o soluţie.

Slăbitul fiind mereu obiectivul nostru principal, v-aş recomanda să fiţi atenţi la conţinutul de calorii al produselor. Veţi constata cu surprindere că ciocolata neagră are mai multe calorii decât varianta cu lapte, că biscuiţii au dublul caloriilor din pâine, iar varianta integrală a produselor făinoase este la fel de bogată în calorii, ca şi cea albă. Pot fi mai sănătoase, dar asta nu înseamnă că nu îngraşă...

Foloseşte mâncarea ca să afli ceva despre tine

Relaţia pe care o avem cu mâncarea, felul în care mâncăm, alegerile pe care le facem spun multe despre noi. Aşa cum prietenii pe care-i avem au legătură cu felul nostru de a fi, poziţia mâncării în viaţa noastră nu e lipsită de semnificaţii. Se spune că mâncăm aşa cum iubim sau cum ne dorim să fim iubiţi.

Pasiunea, impulsivitatea, nerăbdarea și graba, lăcomia, curiozitatea care apar în relația cu mâncarea țin, de fapt, de felul nostru de a fi. Și probabil că se manifestă și în alte domenii ale vieții, fie că recunoaștem, fie că nu. Dacă ești fidel și consecvent anumitor alegeri culinare, așa te comporți și față de alte lucruri, situații și oameni. Plăcerea și satisfacția pe care le cauți în mâncare sunt aceleași care te îndeamnă să descoperi și alte surse de bine. Atenția și timpul investite în mâncare vorbesc despre grija de tine însuți.

Merită să observați legătura cu mâncarea, este un mod de cunoaștere de sine. Chiar dacă asta duce la concluzia că sunteți dezordonați, impulsivi, neatenți, imaturi, iresponsabili..., să fii un adolescent răzgâiat nu este o crimă. Măcar știți cu cine aveți de-a face și nu vă mai învinovățiți! Dacă mă iau după relația cu mâncarea, cred că n-am ajuns nici măcar la majorat. Și nu sunt sigură că vreau să fiu om mare, nu-mi plac regulile, obligațiile și responsabilitățile, nici interdicțiile, mai ales cele alimentare. Voi știți cine sunteți? ☺

Disocierea – o păcălire a metabolismului

Atât de la modă au ajuns să fie dietele disociate, încât oamenii cred că este normal să mănânci carnea fără garnitură și brânza fără pâine. Disociere pe zile sau pe fiecare masă, reguli stricte despre ce cu ce ai voie să mănânci, strategii care să-ți facă viața un chin, totul de dragul slăbitului.

Deși a mânca mai puțin este cel mai sigur mod de a slăbi, căutăm variante în care să putem mânca fără limită și, totuși, să slăbim. Păcălim metabolismul pe moment, dar noi suntem în final cei păcăliți. ☹ Fără glucide/carbohidrați, corpul nostru nu poate face grăsime de depozit, așa încât ne îndopăm cu carne, brânză și salată și slăbim. Dar „plata" vine abia atunci când dieta se termină și kilogramele se întorc rapid, la primele guri de făinoase sau dulciuri.

Organismul se răzbună, pentru c-a fost chinuit, pentru că l-am obligat să funcționeze nefiresc, absurd. Pentru că nu poți să mănânci disociat pe viață, e nesănătos și periculos, înseamnă izolare, pierderea plăcerii și a relației cu corpul tău. Să nu mai ții cont de nevoile organismului și să-l obligi să facă ce vrei tu este o violență. E ca și cum ai dresa un leu folosind biciul — la prima neatenție, te sfâșie!

Când îți pui viața în cui și renunți la toate obiceiurile normale, de bun-simț, de dragul unei diete extremiste și dezechilibrante, vei slăbi. Dar bucuria nu e prea lungă, pentru că rezultatele, deși spectaculoase, sunt obținute trișând! Orice cură de slăbire care elimină un aliment sau mai multe va fi urmată de îngrășare. Doar dacă sunteți dispuși să renunțați la respectivul aliment pe viață...

Maioneza și untul au la fel de multe calorii

La capitolul „grăsimi“, există o mulțime de mituri și prejudecăți. Toată lumea fuge de unt, din cauza grăsimilor saturate, atât de blamate ani la rând. Avem senzația că uleiul de măsline și uleiul în general sunt o alternativă mai bună, uitând că 1-2 linguri/zi e doza optimă. Iar conținutul de calorii, culmea!, e mai mare la ulei: 900 cal/100 g, untul având 700 cal/100 g.

La capitolul „ulei“, trebuie spus că maioneza este tot o formă de ulei, nu un sos. Cu 80% conținut de ulei și 700 cal/100 g în medie, maioneza transformă în bombă calorică orice produs. Pentru că, spre deosebire de unt, pe care-l întindem bine, pe maioneză o mâncăm/punem cu lingura. Iar o lingură de maioneză are minimum 20 g, adică minimum 180 cal!!! Dublu față de o lingură de ulei. ☹

Orice salată și semipreparat cu maioneză nu are cum să fie dietetic, așa că fiți atenți la ea... Și asta vă spune o persoană care ar fi în stare să mănânce salată de bœuf dimineața, la prânz și seara. ☺

Micul-dejun al adulților care se vor slabi...

...nu-i obligatoriu. Necesitatea micului-dejun poate fi argumentată științific, cu o singură condiție: să-ți fie foame! Mâncatul de dimineață e recomandat la copii, la persoanele care urmează să facă efort sau muncă fizică, dar nu și la cele care vor să slăbească. Veți spune că trebuie luat micul-dejun, că e cea mai importantă masă a zilei. Ei bine, nu mai e chiar așa...

Vrei să slăbești — va trebui să mănânci mai puțin. Ce rost are să-ți începi ziua „cheltuind“ din puținele calorii pe care le ai în buget, când te așteaptă o lungă zi de abținere, în care cu siguranță o să-ți fie foame. Dacă nu-ți cere corpul, de ce să-i dai? Orice mâncare, și oricât de puțină ar fi, mâncată fără foame, îngrașă. Corpul nostru se află într-o situație absurdă: primește mâncare când nu cere, doar pentru că trebuie, este ignorat când își dorește ceva și certat că nu slăbește. ☹

Dac-am fi puțin mai coerenți, dac-am acționa în logica obiectivului propus, poate și lupta ne-ar fi mai cu folos. Cred c-ar trebui să decidem: ori vrem să slăbim, și atunci așteptăm să ne fie foame (chiar până la prânz, nu-i o tragedie), ori vrem să mâncăm sănătos, și atunci facem cum scrie la carte. Însă e greu de crezut că le putem avea pe amândouă... Doar dacă micul-dejun este o cafea cu lapte! ☺

Când vine vorba de siluetă, vedetele nu spun adevărul!

Fie că ești la Hollywood, Londra, Paris sau București, statutul de vedetă, de persoană publică sau artist implică sacrificii. Stilul de viață, deciziile pe care le iei sunt subordonate imaginii, carierei. Trebuie să arăți într-un anumit fel, succesul tău depinde de asta!

Faptul că nimeni nu recunoaște nu înseamnă că nu e greu. Cel puțin din punctul de vedere al dietei, pot să vă spun că lucrurile nu sunt tocmai roz. ☹ Una e ce se spune, ce se declară, ce apare în media, și alta e realitatea. Mărimea 0 la haine se obține prin înfometare, nici vorbă de diete sănătoase, personalizate sau echilibrate. Când mănânci 500 cal/zi, chiar nu mai contează dacă spui că faci detox sau ești vegetarian. Fetele pe care le invidiați în reviste sunt departe de a fi modele de conduită alimentară. Însă, pentru ele, a fi slab înseamnă bani și succes, este pragmatic, trist și greu. De la manechinele din lumea modei până la actrițe și cântărețe, toate se înfometează.

Dramatic este că nimeni nu recunoaște, ba, mai mult, se creează iluzia că ele chiar mănâncă normal. Își fac poze cu dulciuri și pizza în mână, spun că au metabolismul bun și fac mult sport...

Nu le credeți, nu încercați să fiți ca ele, fiindcă veți plăti un preț greu — sănătatea, echilibrul și bucuria voastră. Nu-i vine bine sau ușor nimănui să se înfometeze, dar, din păcate, vedetele sunt obligate să facă asta. Pentru că banii și faima vin la pachet doar cu o siluetă mărimea 0!

Hormonul bate neuronul

Nu știu cum de înțelepciunea românului a născut așa o vorbă, dar e teribil de adevărată. O mare parte din comportamentul nostru, din acțiunile și trăirile noastre, sunt determinate de biochimie, de nivelul unor substanțe/hormoni din organism.

Nu vreau să-mi dau cu părerea despre tot ce ține de atitudine, de felul de a reacționa în anumite situații, de temperament sau de obiceiuri care se leagă și ele indubitabil de chimia corpului nostru. Dar tot afirm fără dubii că tot ce ține de apetit și de relația cu mâncarea este parțial controlabil. De multe ori, poți să vrei, însă e tare greu să poți. Nu imposibil, dar greu. Și tot ce se construiește pe voință și efort este sortit, la un moment dat, eșecului.

A mânca mai puțin, de exemplu, poate fi uneori imposibil, dacă te confrunți cu o foame ori un apetit insațiabil. Nivelul crescut de insulină sau de leptină din sânge te determină să mănânci peste măsură. Nu-i vorba că nu vrei, dar cu hormonii nu-i de joacă. Estrogenii care dispar la menopauză aduc și ei 3-5 kg în plus, aproape obligatoriu.

Apoi vine creierul, cu dezechilibrele lui. Când lipsesc serotonina și starea de bine/liniște, nu poți să fii moderat, să reușești să mănânci mai puțin. Mai întâi, se reglează anxietatea, starea de tristețe, de depresie, și apoi se începe o eventuală cură de slăbire.

Departe de mine gândul să găsesc scuze pentru mâncatul fără măsură, liber, dând vina pe hormoni.

Ce vreau să spun este că uneori ne luăm la trântă cu morile de vânt și ne întrebăm mirați de ce nu reușim. E o luptă mult prea grea și inegală. Nu voința ne lipsește, ci realismul de a ne recunoaște limitele. Chiar nu putem face tot ce vrem cu corpul nostru!

Când Dumnezeu a creat „otrava", a pus-o la pachet cu antidotul

Este o sintagmă amuzantă din cărțile de nutriție, care se referă la fructoză. Da, fructoza, celebrul zahăr din fructe, atât de natural și de puțin sănătos.

Știu că voi atrage indignarea cu această afirmație, însă consider că este necesar, pentru cei ce vor să știe, să spun care e realitatea. Voi alegeți!

Fructoza, carbohidratul din fructe, diferă de glucoză, carbohidratul din amidon. Dacă glucoza poate fi folosită de oricare celulă (din ficat, creier, mușchi) și transformată în energie, fructoza se metabolizează exclusiv în ficat. Deși noi mâncăm un carbohidrat, în organism, el se comportă ca o grăsime.

Fructoza este echivalentul alcoolului, care, coincidență!, este fructoză fermentată! Adică fructoza duce la obezitate, la acumulare de grăsime pe abdomen, la rezistență față de insulină și la bolile din cortegiul sindromului X metabolic.

În ce găsim fructoza? În fructe, zahăr, miere, sirop de porumb, sirop de agave și toți agenții de îndulcire. Care e tâlcul poveștii? Singura sursă de fructoză pe care o mai consumăm cum a lăsat-o Dumnezeu, sunt fructele. Și, cum fructoza este pusă în fructe la pachet cu multă apă și fibre, efectul ei negativ e neutralizat. Dac-am mânca trestie de zahăr și boabe de porumb ca atare, fructoza din ele ar fi inofensivă.

Deci natura, în perfecțiunea ei, nu greșește. Noi, oamenii, greșim când credem că e totuna să mănânci fructele ca atare sau să le transformi în suc. Îndemnul meu ar fi să vă țineți la distanță de toți agenții de îndulcire, nu e nici unul mai bun sau mai sănătos. Și să consumați „dulcele" sub formă de fructe. Întregi și mestecate, nu băute cu paiul!

De ce este important exercițiul fizic în menținerea siluetei?

În nici un caz pentru că arde calorii! Cine face sport a observat cât efort trebuie să depui pentru a scăpa de 300 de calorii. ☺ Dacă ne-am propune să consumăm caloriile din mâncare făcând mișcare, ar trebui s-o ținem într-o fugă toată ziua și tot n-ar ajunge.

Și atunci, care este rolul sportului în slăbit? Unul esențial și de neînlocuit: activitatea fizică schimbă metabolismul! Mai concret, mușchii care lucrează captează mai multă glucoză din sânge și fac insulina mai eficientă. Insulina e hormonul care îngrașă, deci, cu cât e mai eficientă, cu atât se va secreta mai puțină.

Și efectul benefic al sportului se vede și în altă zonă sensibilă: mișcarea scade nivelul de cortizol, un hormon legat de sinteza de acizi grași și de reacția la stres. Deci, da, prin sport se reduc stresul și îngrășatul pe bază de stres.

Nici o altă metodă nu reușește să aibă același efect miraculos în corpul nostru, așa că vă invit să găsiți o formă de mișcare plăcută. Nu mergeți la sală pentru că trebuie să transpirați și să ardeți calorii. Fiți activi, pentru că vă face bine, atât de bine, cel mai bine! ☺

De ce avem nevoie de 15 minute, ca să simțim că ne-am săturat?

Pentru că de atâta timp are nevoie mâncarea, ca să străbată intestinul subțire și să ajungă în colon (intestinul gros). Toată lumea știe că semnalul sațietății vine de la creier cu întârziere, dar puțini știu că nu creierul e de vină, nu el e retardat. ☺

Iată care e mecanismul: mâncarea din gură ajunge în stomac și apoi avansează prin intestine până în colon. La contactul alimentelor cu pereții colonului, se declanșează secreția de peptid PYY, care trimite semnalul la creier că ajunge, este suficientă mâncare.

Mai plastic spus, până nu ți se umple intestinul gros, nu simți că te-ai săturat!

În practică, trebuie să ținem cont de acest mecanism, altfel riscăm să plesnească burta înaintea să-și dea seama creierul c-am mâncat. ☺ Soluția? Faceți o pauză lungă între felurile de mâncare, mâncați lent și consumați cât mai multe fibre din legume, fructe și cereale integrale. Orice băgați în gură, fie că este un iaurt sau o supă, conduce la secreție de PYY după 15 minute. Orice dă sațietate, dacă avem răbdare să așteptăm.

Fibrele, pe de altă parte, accelerează tranzitul intestinal și bolul alimentar ajunge mai repede în colon.

Doar pe baza secreției de PYY apare sațietatea și, din păcate, acest mecanism ancestral ne permite să mâncăm mult, înainte de a spune: „Stop, sunt plin!" Una era să te saturi cu mere pădurețe și rădăcini în trecut și alta este să mănânci cașcaval fără pâine în prezent. Amândouă au nevoie de 15 minute să ajungă în colon, dar nu-i totuna dacă ai înghițit 300 sau 1.000 de calorii. PYY nu știe să facă diferența! ☹

Educație sau obligație?

Am trăit vremuri în care mâncarea ne era dată cu rația, pâinea și salamul se eliberau pe cartelă. Și nu ne-a plăcut. Trăim vremuri în care multitudinea de produse și abundența din supermarket-uri ne ispitesc și ne copleșesc în egală măsură. Și nu ne fac bine. Suntem liberi să mâncăm ce și cât vrem, dar plătim bani grei pe diete stricte și liste de alimente interzise.

Să fie constrângerea o soluție? Să nu ne putem motiva decât prin rău, prin obligație? Ani de zile am crezut că oamenii trebuie să știe și apoi vor face alegeri corecte. Am crezut în puterea informației oneste, a adevărului, a logicii. Am sperat să avem programe de educație în școli și emisiuni de calitate la TV.

Încep să-mi pierd optimismul. Pentru că nu le pasă, celor în măsură să facă aceste lucruri. Iar cei care ar putea beneficia din asta nu le vor.

E mai simplu să citim „Studiul China", decât să ne cunoaștem valorile culinare. Plecăm urechea cu prea multă ușurință, ne lăsăm cuceriți cu prea mare viteză de idei extremiste, dubioase, nefirești. Să fim o societate atât de nesigură și de dezechilibrată, încât să se prindă de noi toate relele, ca de un organism cu imunitatea scăzută?

Măcar și din punct de vedere nutrițional, eu am devenit îngrijorată. Nu pentru că nu există nici o inițiativă legată de educație, ci pentru că ne pierdem tradițiile, încrederea, bunul-simț într-un ritm alert.

Și, până o s-apară un abecedar în care să scrie că laptele și carnea de porc sunt sănătoase, mi-e teamă că vom fi deja cu toții raw-vegani! ☹

Riscul și pericolul, două noțiuni diferite

O groapă în șosea este un pericol. Fără trafic, însă, nu există nici un risc. Riscul de incendiu se evită prin asigurare, însă pericolul focului nu poate fi eliminat. Evitarea riscului e cea mai firească atitudine, de obicei, încercarea de anihilare definitivă a unui pericol fiind utopică sau imposibilă.

În același spirit, a spune că zahărul, grăsimea sau E-urile sunt periculoase și că e riscant să le consumi mi se pare o simplificare abuzivă a situației! Există grăsimi esențiale pentru organism, așa cum există E-uri esențiale pentru siguranța alimentară. Sau, dacă substanțele chimice înseamnă pericole, de ce n-am renunța și la medicamente?!

Totul poate fi bun sau toxic, în funcție de doză. Cred cu tărie că doza face otrava și că excesul este pericolul real. Riscul zero nu există, viața în sine presupune riscuri. Însă prea multe precauții, prea multă frică pot deveni periculoase. Anxietatea, teama, neîncrederea cu care privim mâncarea riscă să ne facă rău. Acolo unde rațiunea e blocată de precauții și de informații contradictorii, vă invit să fiți ușor inconștienți: alegeți și acționați cum simțiți și căutați în voi confirmarea faptului c-ați decis corect. Cât despre mâncare, nu puteți greși, dacă aplicați regula „puțin din toate".

Pericol minim, risc minim, liniște și satisfacție la maximum. ☺

Ziua tăieţeilor

N-am ştiut până astăzi că există o zi în care se sărbătoresc tăieţeii, dar mă bucur foarte tare s-aud. ☺ Fidea, tăiţei de casă, macaroane, *penne*, spaghete, *noodles* chinezeşti — orice reprezentant al marii familii de paste făinoase merită lăudat şi degustat cum se cuvine.

Nu încerc să conving pe nimeni că pastele sunt sănătoase şi delicioase în acelaşi timp, dar le spun un mic secret iubitorilor de diete: pastele fierte *al dente* îngraşă mai puţin decât pâinea sau orezul! Dacă mâncaţi o porţie medie şi nu puneţi peste ele mult ulei (fie el şi de măsline) sau multă brânză, puteţi obţine un fel de mâncare săţios şi dietetic. Iar parmezanul ras e condimentul ideal când vine vorba de calciu din belşug.

Măcar de dragul sărbătorii de azi, faceţi o excepţie şi primiţi la masa voastră carbohidraţii atât de urâţi — nimeni nu se îngraşă dintr-o farfurie cu tăiţei!

Omega-3 de sezon

Toamnă, zile mai scurte, frig şi stare de spirit afectată. Ca să ne menţinem moralul la cote cât-de-cât satisfăcătoare, avem nevoie de un echilibru chimic în creier, adică de Omega-3.

40% din acizii grași cerebrali depind de DHA, care este o formă biologic-activă a acizilor grași Omega-3. Este un element prezent mai ales în carnea și grăsimea de pește.

Precizare: Omega-3 există în iarbă și alge, așadar animalele și peștii hrăniți natural conțin Omega-3, iar animalele și peștii hrăniți numai cu porumb, soia, semințe și uleiuri vegetale conțin Omega-6! Asta, ca o confirmare a faptului că există Omega-3 și în ouă sau în carnea porcilor crescuți tradițional.

Sursa cea mai eficientă rămâne, însă, conserva de sardine în sos tomat. ☺ Evitați conservele în ulei, al căror conținut de Omega-3 scade cu 50%, pentru că e liposolubil (se dizolvă în grăsime).

Iată câteva cifre care să vă convingă (în mg Omega-3 la 100 g produs):

- sardine în conservă: 1.880
- somon sălbatic: 1.700
- hering: 1.250
- macrou: 1.130
- păstrăv sălbatic: 1.060
- ton: 360

Concluzia: mai ieftin și mai sigur decât sardina nu există, mai ales că n-a fost inventată încă sardina de crescătorie! ☺

Distanța față de mâncare

Nu, nu e vorba de detașare și pusul la colț al mâncării, așa cum ne îndeamnă toate dietele și listele de alimente interzise. E vorba de înstrăinare, de distanța fizică și psihologică dintre noi și hrana noastră cea de toate zilele.

Înainte, oamenii erau nomazi și-și mutau sălașul unde aveau ce vâna, ce mânca. Apoi s-au făcut agricultori și s-au legat de pământ, ca să-și poată îngriji recoltele. Acasă înseamnă locul din care te hrănești, de unde-ți tragi seva, unde-ți sunt rădăcinile.

Și-atunci, de ce ne mirăm că nu ne e bine, când nici măcar nu mai știm ce mâncăm? Totul e globalizat, ambalat în cutii frumoase, cu liste de ingrediente care miros mai curând a chimie, decât a bucătărie…, și avem pretenția de la corpul nostru să le identifice și să le asimileze.

Ne-am îndepărtat de mâncare și ne-am înstrainat de noi, de biologia și genele cu care am fost născuți. Nu știm de unde ne vine mâncarea și nici cine ne-a pregătit-o. Suntem ca niște orfani hrăniți ca la carte, cărora nu le spune nimeni nici o poveste, care au fost văduviți de emoții.

Mâncarea e o bucățică din personalitatea noastră, reprezintă un întreg univers și context social, ne dă identitate. Nu poate să ne fie bine, fără să cunoaștem și să iubim mâncarea pe care o avem în farfurie, este încărcată nu numai de nutrienți, dar și de simboluri.

Pe afecțiune și încredere se construiește orice relație. Inclusiv cea alimentară.

Creierul nu numără caloriile lichide

Pe cât ne este de perfect organismul ca funcționare, pe atât de surprinzător e faptul că trece cu vederea unele lucruri, ca și cum n-ar exista!! Este vorba de sucuri și băuturi răcoritoare: creierul nostru le consideră apă și ignoră total conținutul lor de zahăr.

Că nu te simți sătul, chiar dacă bei un litru de suc, asta simte oricine. Că nu ești satisfăcut după o felie de tort sau o ciocolată întreagă, deși ai înghițit 450 cal, iar este o problemă. Dar cel mai grav e că organismul consideră că n-a primit nimic!

Dacă mâncăm o cantitate de alimente, foamea și consumul din acea zi se reglează în funcție de masa anterioară. Adică mâncăm mai puțin sau chiar deloc seara, dacă la prânz am avut un festin culinar. Mâncăm un singur fel la masă, dacă am luat o gustare cu doar o oră înainte de acea masă. Asta e regularizarea, ca la curentul electric: dacă ai plătit prea mult o dată, se recalculează și suma următoare va fi mai mică.

Ei bine, regularizarea nu funcționează la sucuri! Indiferent dacă bei apă ori suc, mănânci la fel de mult. Și, cum orice suc, chiar și proaspăt stors, are 110 cal/pahar, e pericol! Bei două pahare, primești calorii cât pentru un fel de mâncare, și creierul pretinde că n-a primit nimic.

Pentru satisfacție maximă și eficiență în „cheltuirea“ caloriilor, cel mai sigur este să le consumați sub formă solidă. Mâncați o prăjitură și beți apă, măcar să se bucure și creierul de acel dulce. ☺

Ce sunt carbohidrații și ce vor ei?

Poate că știți, dar eu simt nevoia să clarific termenul. Carbohidrat înseamnă „compus cu carbon, oxigen și hidrogen“ sau, altfel spus, *carbo* de la dioxid de carbon și *hidro* de la apă. Producția lui e făcută de plante, prin procesul de fotosinteză.

Vegetalele absorb energia din soare, o combină cu apă și cu carbonul din aer și fac din ea carbohidrați. Numai plantele au această capacitate, așadar carbohidrații sunt de origine vegetală. Ei se mai numesc și glucide.

Există glucide simple, rapide (glucoza și fructoza din zahăr, fructe și miere, lactoza din lapte) și glucide lente (amidonul din cereale, orez, cartofi, fasole și mazăre).

Toate sunt glucide/carbohidrați și toate au 4 cal/g. Avantajul celor lente este că se absorb treptat, țin de foame și îngrașă mai puțin. De ce toată lumea le elimină din alimentație, când ele ar trebui să reprezinte

55% din dieta zilnică? Greu de spus ☹, însă un lucru e cert: toate celulele din corpul nostru funcționează exclusiv cu glucoză! A-i cere organismului să facă glucide din proteine și grăsimi este și nesănătos, și anevoios. Ținem diete proteice și apoi ne mirăm că ne îngrășăm la loc. E plata pe care o primim pentru agresiunea și dezechilibrul pe care le-am creat. Este răzbunarea pentru eliminarea banalilor carbohidrați din alimentație!

Starea noastră de bine poate depinde de un ou ☺

Nu știu dacă oul a fost sau este un aliment controversat pentru voi, dar, dacă este așa, relaxați-vă, nici măcar colesterolul din ou nu mai reprezintă o amenințare! Mai ales că numai 20-25% din populație este sensibilă la colesterolul din ouă, restul de 70-75% este imună.

Știm că e sățios, are puține calorii, multe proteine în albuș și multe minerale și vitamine în gălbenuș. Ce nu știm e că oul influențează pozitiv starea de bine ☺, în gălbenușul de ou există colina, o substanță din grupul vitaminelor B. Colina este intim legată de activitatea vitaminelor B6 și B12 și este precursorul acetilcolinei, neuro-transmițător de bază al creierului. Un deficit de colină determină anxietate și depresie, adică afectează major dispoziția. Și nu există o sursă alimentară mai bogată și mai eficientă pentru colină, decât gălbenușul de ou.

Fără să fie nevoie de multe argumente, poate n-ar fi rău ca măcar de două ori pe săptămână să începem ziua cu un ou fiert moale. Și, savurându-l pe îndelete, cu bucățele de pâine prăjită, să-i mulțumim naturii că a făcut lucrurile așa de simple: un gălbenuș ca un soare e suficient să ne aducă buna-dispoziție în suflet!

Zahărul, bată-l vina!

Pentru că tot am ajuns la sezonul sfaturilor legate de buna-dispoziție, vreau să vă atrag atenția la un presupus bun prieten — zahărul. Simțim nevoia, toți, să mâncăm ceva dulce când suntem obosiți, stresați, triști, nefericiți. Zahărul are un efect banal: sporește glicemia și nouă ne e bine. E ca un fel de anestezic pe termen scurt, însă zahărul nu ajută, ci mai degrabă dezechilibrează funcționarea organismului.

Zahărul interferează profund cu metabolismul vitaminelor B și chiar blochează acțiunea acestora. Or, se știe, depresia constă într-o lipsă de vitamine B. Zahărul are un efect similar alcoolului: la primele guri, produce euforie și stare de bine, însă în etapa imediat următoare, accentuează tristețea. Și iată cum te trezești că-ți „îneci“ amarul în cutia de înghețată. ☹

Zahărul schimbă în rău și folosirea nutrienților în organism, accentuează sinteza de grăsime de depozit și sporește colesterolul în sânge, adică ai probleme, ca și cum ai mânca slănină pe pâine. Nu există un zahăr mai bun sau mai sănătos decât altul — în zahăr nu există decât calorii goale.

Dacă vreți o bucățică de dulce, alegeți ciocolată, e plină de anti-oxidanți, minerale care înlătură stresul, substanțe tonice pentru corp și compuși cu efecte benefice asupra dispoziției. Cu ciocolată, chiar reglați creierul și vă simțiți bine, are cu ce. ☺

Nu căutați forme de zahăr mai sănătos...

...toți agenții de îndulcire au aceleași caracteristici: calorii goale și nici un rol nutritiv pentru organism — singurul motiv pentru care pot fi consumați e plăcerea pură!

Nu există avantaje ale unor forme de zahăr în detrimentul altora, iar în cărțile de nutriție, se numesc agenți de îndulcire, fie că e vorba de zahăr alb sau brun, sirop de porumb, miere sau fructoză din fructe. În organism, furnizează energie, dar, la consum mai mare de câteva lingurițe pe zi, iau calea metabolizării alcoolului și produc grăsime de depozit și obezitate abdominală. Obiectivul, în legătură cu toți agenții de îndulcire, e să-i consumăm în cantitate mică, precum sarea din mâncare, ca un condiment. Din cauza asta, îndulcitorii sunt o alternativă sigură și pentru sănătate, și pentru siluetă: dacă o substanță e de 400-600 de ori mai dulce ca zahărul, înseamnă că va fi nevoie de o cantitate infimă, ca să obții gustul dulce, de ordinul micro- sau nano-gramelor, adică nu vor fi decât urme de zahăr. ☺

Obiectivul să vă fie „fără zahăr", nu căutarea unei forme mai sănătoase de zahăr!

Lactoza, un zahăr cu efect probiotic

Zahărul clasic este un dizaharid format dintr-o moleculă de glucoză și una de fructoză (la fel și la miere). Zahărul din lapte e tot un dizaharid format din glucoză și galactoză. Asemănătoare și, totuși, atât de diferite. Fără prezența fructozei, glucidele devin sănătoase și nepericuloase pentru siluetă!

Lactoza are o putere de îndulcire de șase ori mai mică față de zahăr, are indice glicemic scăzut, nu produce secreție de insulină și nu îngrașă.

Ba mai mult, cu lactoză se hrănesc toate coloniile de bacterii din tubul digestiv, ea are efect probiotic favorabil asupra florei intestinale, îmbunătățește digestia și face să crească imunitatea. Un aport de lactoză mai mic de 3 g/zi poate pune în pericol sănătatea întregului organism.

În lapte există și oligozaharide, glucide mai mari decât lactoza, care nu pot fi digerate și ajung în colon. Aici fermentează și produc un mediu acid cu rol antiinfecțios, deci balonarea nu este întotdeauna ceva de rău. ☺ Tot ele funcționează ca o „sugativă", protejând mucoasa intestinală de bacterii și toxine.

Deși conține 87% apă, laptele are factori esențiali Dulce sau acru, sub formă de iaurt sau brânză proaspătă, găsiți o formă de lapte care să vă placă... pentru că face bine. ☺

Cu ce se mănâncă peștele?

Garnitura consacrată pentru pește sunt cartofii, fierți sau la cuptor. Dacă te iei după obiceiurile anglo-americane, regula e pește și cartofi prăjiți (*fish & chips*). În tradițiile românești, orice tip de pește, de la saramură la pește prăjit, merge perfect cu mămăligă. Popoarele germanice pun peștele lângă varză, bucătăria mediteraneană îl combină cu orice legumă la grătar, dacă nu vorbim de paste cu somon sau alt soi de pește. Spaniolii au inventat *paella*, un amestec de pește cu orez, iar japonezii numesc *sushi* o asociere similară pe bază de pește crud.

Un lucru e sigur, peștele e o proteină similară cărnii și, pentru că nu are deloc glucide (carbohidrați), trebuie asociat cu produse cu amidon (cartof, mazăre sau fasole boabe, orez, mămăligă, paste sau o banală pâine) în cantitate mică (două-trei linguri). Orice altă legumă folosită la garnitură e binevenită, iar porția poate fi mai mare, măcar de dimensiunea bucății de pește: fasole verde, varză, ciuperci, dovlecei, vinete, mix sau ghiveci de legume, salate de orice fel.

Construiți farfuria ideală pe gustul vostru, având ca obiectiv central asocierea alimentelor între ele — pentru că disocierea este ceva dezechilibrant, făcut de dragul slăbitului, pe când sănătatea și buna funcționare a organismului înseamnă produse consumate împreună. Azi, eu am ales varza și mămăliga drept „parteneri" pentru bucata mea de pește. Și am primit un premiu neașteptat de la o prietenă dragă: plăcintă cu mere făcută în casă. ☺ Sărut-mâna pentru masă!

Salata, un fel de mâncare de bază

Noi, românii, am fost obișnuiți să considerăm salata o completare a cărnii cu cartofi, a tocănițelor sau prăjelilor. Salata nu se mănâncă goală și în nici un caz la începutul mesei, ca aperitiv.

Moda s-a schimbat și am început să facem, din generica „salată", un fel de mâncare de bază. Tot cu termenul „salată" denumim și pastele obținute din vinete, icre, năut sau fasole frecate cu ulei. Mai nou, s-a inventat și salata caldă, în care o parte din legume (ciupercile, ardeiul gras, dovlecelul, vânăta) se trag puțin la tigaie și apoi se răstoarnă peste un mușuroi de frunze de toate soiurile.

Viața se schimbă, la fel și obiceiurile culinare. Față de anul 1970, când baza alimentației erau făinoasele, azi, jumătate din farfurie trebuie să fie plină cu legume, un sfert cu proteine și un sfert cu carbohidrați. Așadar, salata, în orice variantă, e perfect echilibrată și poate ajunge să fie fel unic pentru o masă ușoară și sănătoasă. Iar, dacă începi masa cu o salată, o parte din stomac se umple cu apă și fibre, așa că felul doi poate fi mai mic, te ajută să te saturi mai repede. ☺

Păstrăvul, mai bogat în Omega-3 decât somonul

Când spui pește, toată lumea are o reținere, pentru că se gândește la oase. În așa hal le e frică americanilor de oase, încât majoritatea tinerilor nici nu știu cum arată o bucată de pește: în afară de crochete și *fish fingers*, ei nu mănâncă nici un tip de pește. ☹ Până acum, credeam că dorada e specia cu cele mai puține oase, peștele cu carnea albă și dulce pe care și un copil îl poate fileta. Ei bine, păstrăvul mi-a dovedit că se poate și mai bine: e mai gustos, iar toate oasele se elimină dintr-o mișcare. ☺

Vine apoi argumentul Omega-3 — că ne place sau nu, e musai să mâncăm pește pentru sănătate. Și iată, nu numai somonul, macroul și heringul conțin Omega-3, ci și păstrăvul. Ba, mai mult, păstrăvul e mai bogat în acizi grași esențiali decât peștele din mările reci, numai sardina îl întrece.

Concluzia unei zile cu liber la consum de proteine cu solzi? Câteodată, soluția simplă și sănătoasă e la îndemână și accesibilă..., cu condiția să nu avem prejudecăți și să nu considerăm că tot ce vine de peste mări și țări e mai bun. ☺

Scoici din belșug

Azi am avut ocazia să mănânc un castron de scoici fierte cu vin și cu ierburi aromate. M-am gândit mai degrabă la sănătate: sigur fac bine, deși mie, una, nu-mi mai trebuie prea curând. ☺

Ce bogăție de nutrienți în moluștele astea ciudate, concentrează tot ce e bun din mare: proteine de prima calitate și acizi grași nesaturați, vitamine și minerale, totul în puține calorii. Sunt dietetice, sățioase și pline de Omega-3, că tot am deschis ieri subiectul. ☺

100 de grame de scoici sunt o infuzie de vitamine și minerale: de zece ori doza de vitamină B12 necesară zilnic, 50% din necesarul de vitamină B3 și 20% din doza de vitamină B9 (acid folic). Nici la minerale

nu se lasă mai prejos: 100% doza de seleniu, 80% de fier, 40% de fosfor şi 24% de zinc.

Cu asemenea performanţe, creşte imunitatea la toată lumea, fertilitatea la bărbaţi, îi venim de hac anemiei la femei şi asigurăm dezvoltarea sistemului nervos la copii. Şi am înţeles că moluştele nici măcar nu sunt considerate peşte, pot fi mâncate în toată perioada postului! Deci, liber şi dezlegare la scoici..., cu condiţia să vă placă. ☺

22 de zile până la Crăciun... și o poveste cu vin și fard de pleoape

Ce au în comun alcoolul și cosmetica? La origini, a existat o încrucișare, măcar și a simțurilor. ☺ Etimologia cuvântului *alcool* are rădăcini neguroase, în limba arabă se numea *al kuh'al* — o pudră sau un lichid închis la culoare, obținut din struguri și folosit pentru a machia ochii în culoare neagră. De fapt, verbul *al kah'ala* înseamnă „a deveni negru, a înnegri". Mare minune și resveratrolul, dacă nu era pigmentul din struguri, nici denumire pentru licoarea magică nu aveam. ☺

În secolul XVI, cuvântul *alcool* a fost introdus în ortografia actuală, iar traducerea lui suna cam așa: „cel care e subtil". Interesantă definiție: certifica de la bun început caracterul dual, și în acțiune, și ca efecte:

- fizic (*al khol*): un fard negru, o mască;
- psihic (alcool): iluzionistul, mincinosul.

Curios este că primul tip de băutură alcoolică a fost berea, menționată încă din anul 4000 î.e.n. Vine apoi Biblia, și Noe, care plantează vița-de-vie și simte pe pielea lui beția.

Alcoolul e natural, rezultat din fermentația zaharurilor, totuși are efecte toxice asupra tuturor celulelor. Dar nici medicii nu pot nega efectul psihotrop, anxiolitic și de neutralizare a stresului, a inhibiției, a tensiunii. Cu condiția să fie doze mici de alcool!

Ambiguitatea și varietatea efectelor pe care le are alcoolul asupra sistemului nervos, precum și beneficiile la limita mitului asupra sănătății, mă îndeamnă să cred că povestea încă se scrie.

Și, cu o asemenea realitate complexă, nici nu-i de mirare că avem și o știință: oenologia. Pentru că a ști ce/cât/cum să bei este o artă. Rămâne de demonstrat dacă-ți cresc și aripi. ☺

Frumusețea este în ochii celui ce privește

De câte ori v-a plăcut cu adevărat felul în care arătați într-o fotografie? Când vă priviți în oglindă, căutați calitățile sau defectele? Dar complimentele pe care vi le fac cei din jur, știți să le acceptați sau mai degrabă vă stânjenesc?

A te privi cu bunăvoință și înțelegere, a fi tolerant și nerăutăcios (ori de-a dreptul crud) cu propria persoană, a nu te desființa mai în glumă, mai în serios, cu o replică pe care nici dușmanului nu i-ai spune-o sunt atitudini rare, care se învață și se exersează. Pentru că spontan și ușor ne este să criticăm, să judecăm, să punem etichete de valoare (în sensul că lipsește), să vedem ce nu ne convine. Mai ales cu noi, cu ceilalți suntem mai buni. ☹

Cel puțin la capitolul „înfățișare/siluetă/aspect", pot să confirm că totul e relativ. Iar maniera în care vă vedeți trădează părerea pe care o aveți despre voi. Există haine care stau bine, culori care avantajează, oglinzi care subțiază. Există și haine strâmte, care plesnesc pe tine, unghiuri proaste și lumina de neon, care te îmbătrânește cu zece ani. Tu ce vrei să vezi?

Dacă voi nu țineți cu voi, cine să țină? Orice truc e permis și orice artificiu, dacă rezultatul e un zâmbet în oglindă. Și, mai ales, este obligatoriu să ai curajul să te privești cu bunăvoința și generozitatea cu care ai privi o copilă care te întreabă inocentă: „Mami, eu sunt frumoasă?" Vă las pe voi să vă răspundeți. ☺

Disperarea creativă

Sună ciudat, dar este adevărat..., aceasta e denumirea pe care a primit-o în medicină și psihoterapie mâncatul emoțional, pe fond de stres ori de nemulțumire.

Departe de a fi ceva anormal, să apelezi la mâncare pentru a neutraliza energia negativă, a reechilibra homeostazia creierului și a dobândi o stare de confort este o metodă instinctivă, care funcționează fără greș. Sub denumirea *désespoir créatif*, se regăsesc toate metodele la care apelăm pentru a obține starea de bine, inclusiv mâncatul. În psihoterapia de al treilea val ACT (*Acceptance and Commitment Therapy*), acest tip de strategie, pe care-l dezvoltăm instinctiv, este considerat nu numai perfect normal, dar și necesar. Obiectivul nu este să eliminăm ori să renunțăm la această metodă de calmare, ci să descoperim, să dezvoltăm alte căi nealimentare prin care să neutralizăm stresul.

Altfel spus, ceea ce majoritatea oamenilor făceau până acum, simțindu-se vinovați și lipsiți de voință, a primit în prezent validarea de a fi considerat firesc, normal. Deci, nu vă mai acuzați dacă apelați la mâncare după o zi grea/proastă, ci mai degrabă încercați să vă înțelegeți organismul, el are nevoie de elemente care să-i restabilească echilibrul. Și, dacă nu aveți alte surse de plăcere și bine în viața voastră, mâncarea vă rămâne soluția de bază. De disperare, creierul vă îndeamnă să mâncați. Nu-l acuzați, ajutați-l să fie creativ, să descopere cum să se relaxeze… fără calorii. ☺

Ce mâncăm în noaptea dintre ani?

Dac-ar fi să respectăm tradițiile, obligatoriu masa trebuie să fie îmbelșugată și să nu lipsească porcul. De la romani încoace, în tot bazinul Mării Mediterane și în Europa de Sud-Est, porcul era ofranda adusă lui Saturn, un simbol al norocului și fertilității.

Mai nou, pe masa de Anul Nou vin peștele și strugurii. Pește, ca să treci peste griji, necazuri și probleme precum peștele prin apă, cu ușurință. Strugurii, ca să ai un an plin de bani, precum boabele dintr-un ciorchine. Se spune că e bine să eviți animalele care scurmă în pământ, așa că n-ar fi rău să înlocuiți puiul cu carnea de curcan.

Cât despre băutură, să vă fie paharul plin și masa înconjurată de prieteni. Și musai să fie și ceva cu bule, oricui îi face bine un strop de efervescență. Începeți cu bucurie noul an și așa s-o țineți măcar până la Revelionul următor!

Ingrediente ☺

Medicii – oameni sau vrăjitori?
Cerealele de mic-dejun – un desert crocant și fără grăsime
Cacao cu lapte sau ciocolată caldă?
Unde a dispărut fața de masă?
Natura nu are nevoie de oameni, oamenii au nevoie de natură!
Vă mai amintiți... • E greșit să spui „mulțumesc" prea des?
Idee ciudată de restaurant
Nu e de bine, când nu vrei să mai mănânci ☹
Chiftele ca la bunica • Săptămâna albă
Ceaiul de fructe – cel mai bun suc • A început postul
Ciorba de cartofi acrită cu zeamă de varză...
Oare am devenit rudimentară?
Postul – prilej de a mânca soia • Vremea rezoluțiilor
Soluții de primăvară pentru o farfurie mai „ușoară"
Alte idei „sănătoase" pentru siluetă
Cuvintele – o „hrană" aleasă • Foamea – o super-senzație
Ce ne facem cu lăcomia?
Cura de slăbire – o formă de disciplină • Cine ne vrea slabi
Trist, dar adevărat: slăbești mai ușor, dacă nu mănânci pâine

Nu fructe în loc de mâncare!

Bunele maniere condamnă mâncatul de semințe

Când nu puteți adormi, apelați la un „anestezic“ pentru minte

Mitul paharului de apă

Mesele mici și dese, cheia marilor succese? Nu neapărat!

Să faci kilometri pentru niște mâncare? Ni se întâmplă mai des decât recunoaștem!

Ce se mai întâmplă cu peștii noștri?

Vine Săptămâna Mare • Luați tot ce e verde din piață!

Ouăle și pasca, vedetele zilei • Despre ou, numai de bine

Cum să faci mișcare, fără să faci sport

Am descoperit smântâna lichidă! ☺

Usturoiul și sora lui, leurda • Cum alegem meniul?

Spune-mi la ce poftești, și-ți spun cât de ușor slăbești ☺

Un pahar de lapte bătut – completarea perfectă la orice masă

Dac-aș găsi peștișorul de aur...

Mirosul ne ispitește și ne amăgește

Ce spun (sau ce vrem noi să spună) analizele?

Alegem, până culegem ☹ • Sistemul de recompensă

Fricile sunt ca stelele de pe cer

Dacă tot e smântână, atunci e musai să NU fie vegetală!

Și la ora 10, tot mic-dejun se numește!

Suplimentele nu sunt alimente

Fie că ne place sau nu, semănăm cu părinții noștri...

Începeți cu ce-i mai bun din farfurie, veți mânca mai puțin!

«Au înnebunit salcâmii de-atâta primăvară...»

Chiftele pe plită – asta da, invenție!

Palma – cea mai sigură măsură pentru o porție corectă

Credeți c-am mânca mai puțin, dacă mâncarea ar fi mai scumpă?

Începe sezonul salatelor, fiți zgârciți la ulei, dacă țineți la siluetă!

Nu trebuie să devenim vegetarieni, doar să mâncăm mai puțină carne

De când „neîndulcit“ înseamnă „cu miere“?

Cireșele – un deliciu de început de vară

Căpșunile – desertul ideal în cura de slăbire

Moșii de vară, adică dezlegare la orez cu lapte și cireșe

Petrecerile – un pretext de a fi împreună

S-au copt dudele! • Varza nouă – dietetică și gustoasă

Codul bunelor maniere spune...

Motivația – elementul esențial pentru schimbare

Mâncarea capătă altă valoare, când e pusă în vase speciale

Când nu mai funcționează nimic, încercați o cură de pește

Consumați alimente tabu în public. Ca să n-o faceți lată!

Vișinele, o variantă dietetică a cireșelor

De ce ni se pare că numai noi avem slăbiciuni, când tuturor le e greu, de fapt?

Bucureștiul – un oraș cufundat în ceai de tei

Mai există oameni care nu știu ce este aceea cură de slăbire!

Negocierea cu noi înșine

Consumați zilnic doi litri de lichide?!

Dacă vă propuneți să slăbiți, nu uitați să „numărați“
și fructele din dietă

Apa băută în timpul mesei diluează sucurile digestive –
un mit absurd și fals!

Diferența dintre un biscuit și un covrig

Atunci când alergarea doare...

Dacă vreți să ronțăiți, alegeți semințele cu tot cu coajă

Toți nou-născuții au colici... • Cât de ușor e să fii mamă?

Ce-mi dai, dacă slăbesc?

Cine a zis că viața trebuie umplută? • Totul până la copii

De ce ne simțim vinovați că mâncăm?

Carpaccio – mâncare cu nume de pictor

Brânza proaspătă – un alt fel de brânză

Limonada merită reinventată

Mămăliga – o alternativă la pâine

Tot ce e rece pare răcoritor

Nu oricine poate/trebuie să fie vegetarian

Eu nu fac diete...

Nu beți suc de fructe, după ce vă spălați pe dinți –
risc de carii!

Tot mai rar ne putem permite să mâncăm
mai multe feluri la o masă...

Fericirea – un echilibru fragil între înrădăcinare și zbor

Cum putem învăța să mâncăm mai puțin?
Mâncând cu simțurile!

Meniu de prânz cu ciorbă și tocăniță

Legume coapte cu brânză – o salată caldă
Dulce, acru și amar • «Stay hungry, stay foolish!»
Aura de sănătate • Diluat cu apă sau umflat cu aer
Nu toți Omega sunt esențiali
Între NON-autoritate și NON-știință
Fructoza din fructe nu trebuie consumată în exces
Momentul ideal pentru nuci
Avocado – mai mult decât un fruct
Sportul tonifică, nu slăbește!
Apel către nutriționiști • «Ratatouille» sau tocăniță
Când pierdem legătura cu natura, corpul suferă
Tot secretul stă în atenție...
Mâncatul compulsiv • Nu toate fibrele sunt bune
Nitriții din apă – un subiect prea mult exploatat mediatic
Super-alimente din America de Sud • Mâncați în pace!
Ciocolata și banana sunt de ajutor în cura de slăbire
Săraca limbă română
Merită să te îngrași de dragul fructelor?
Cum să-i spui unui copil că dulciurile se mănâncă rar și puțin?
Dacă mănânc de cinci ori pe zi, mă îngraș?
Ce înseamnă o calorie?
Folosește mâncarea ca să afli ceva despre tine
Disocierea – o păcălire a metabolismului
Maioneza și untul au la fel de multe calorii

Micul-dejun al adulților care se vor slabi...

Când vine vorba de siluetă, vedetele nu spun adevărul!

Hormonul bate neuronul

Când Dumnezeu a creat „otrava“, a pus-o la pachet
cu antidotul...

De ce este important exercițiul fizic în menținerea siluetei?

De ce avem nevoie de 15 minute, ca să simțim că ne-am săturat?

Educație sau obligație?

Riscul și pericolul, două noțiuni diferite • Ziua tăiețeilor

Omega-3 de sezon • Distanța față de mâncare

Creierul nu numără caloriile lichide

Ce sunt carbohidrații și ce vor ei?

Starea noastră de bine poate depinde de un ou ☺

Zahărul, bată-l vina!

Nu căutați forme de zahăr mai sănătos...

Lactoza, un zahăr cu efect probiotic

Cu ce se mănâncă peștele?

Salata, un fel de mâncare de bază

Păstrăvul, mai bogat în Omega-3 decât somonul

Scoici din belșug

22 de zile până la Crăciun... și o poveste cu vin
și fard de pleoape

Frumusețea este în ochii celui ce privește

Disperarea creativă • Ce mâncăm în noaptea dintre ani?